사람마다 생각이 다르겠지만,
세계에서 가장 아름다운 도시를 꼽는다면
많은 사람이 스페인의 바르셀로나를 떠올릴 거야.

바르셀로나가 이처럼 아름다운 도시가 된 이유는
천재 건축가와 예술가들의 손길이 닿았기 때문이기도 하지만,
무엇보다도 자유를 사랑하는 바르셀로나 사람들의
꺾이지 않는 의지가 스며들어 있기 때문이란다.

중세와 근대의 역사 속에서
바르셀로나는 참으로 많은 아픔을 겪었어.
한때는 독재자에 의해 철저히 파괴되기도 했어.
하지만 불굴의 의지를 지닌 사람들의 노력으로
지금 바르셀로나는 세계에서 가장 아름다운 도시로 인정받고 있어.

그럼 과거와 현재, 미래가 공존하는

세계 최고의 디자인 도시 바르셀로나로
여행을 떠나 볼까?

바르셀로나
세계 최고의 디자인 도시

ⓒ 정유진·이양훈, 2024

2쇄 발행 2025년 9월 1일

지은이	정유진·이양훈
펴낸이	이성림
펴낸곳	성림북스

기획·편집	이양훈
디자인	네오이크

출판등록	2014년 9월 3일 제25100-2014-000054호
주 소	서울시 은평구 연서로3길 12-8, 502
전 화	02-356-5762
팩 스	02-356-5769
이메일	sunglimonebooks@naver.com

ISBN 979-11-93357-29-3 (74980)
     979-11-88762-64-4 (set)

- 책값은 뒤표지에 있습니다.
- 이 책의 판권은 지은이와 성림북스에 있습니다.
- 이 책의 내용 전부 또는 일부를 재사용하려면 반드시 양측의 서면 동의를 받아야 합니다.

우리 아이 교양을 키우는
세계 도시 여행 ③

세계 최고의
디자인 도시

바르셀로나

정유진 그림 • 이양훈 글

성림주니어북

차례

지중해와 주변 나라들	6
스페인과 카탈루냐 그리고 바르셀로나	8
카탈루냐 광장	10
그라시아 거리	12
카사 바트요	14
카사 밀라	16
가우디와 구엘	18
구엘 공원	20
산 파우 병원	22
사그라다 파밀리아	24
글로리스 타워와 엔칸츠 벼룩시장	26
시우타데야 공원	28
초콜릿 박물관과 피카소 미술관	30
바르셀로나 대성당과 고대 로마의 성벽	32
람블라스 거리	34
콜럼버스 기념탑과 벨 항구	36
후추와 이슬람 제국	38

대항해 시대와 서인도제도	40
바르셀로네타 해변	42
카사와 만사나 그리고 슈퍼 블록	44
몬주익 언덕과 바르셀로나 올림픽	46
투우와 플라멩코 그리고 축구	48

스페인과 바르셀로나를 조금 더 깊이 알아볼까?
 이베리아반도에는 어떤 사람들이 살았을까? • 50 | 켈트족, 켈티베리아족 그리고 페니키아인 • 51 | 로마와 카르타고의 포에니 전쟁 • 51 | 로마의 속주, 히스파니아 • 52 | 게르만족의 대이동과 서고트 왕국 건설 • 53 | 왕위 계승 다툼과 이슬람 세력의 진출 • 54 | 이슬람 초창기의 역사 • 54 | 이베리아반도 가톨릭 국가의 레콩키스타 • 56 | 포르투갈의 탄생 • 57 | 스페인의 탄생과 대항해 시대 • 58 | 왜 포르투갈과 스페인이 대항해 시대를 열었을까? • 59 | 가톨릭의 수호자 스페인의 몰락 • 60 | 스페인 왕위 계승 전쟁 • 61 | 나폴레옹 전쟁과 스페인의 저항 • 62 | 카디스 의회와 스페인의 독립 • 63 | 남아메리카 식민지의 독립 • 64 | 스페인의 거듭되는 혼란 • 64 | 리프 전쟁과 제1차 세계 대전 • 65 | 공화국이냐, 군주국이냐의 갈림길 • 66 | 스페인 내전과 프랑코 독재 정치 • 67 | 후안 카를로스 1세 • 68 | 바스크와 카탈루냐의 분리 독립 요구 • 69

바르셀로나 여행을 마치며	70

지중해와 주변 나라들

지중해가 보이니? 지중해(地中海)란 '땅 가운데에 있는 바다'라는 뜻이야. 한때 지중해 주변은 유럽 남쪽과 아프리카 북쪽, 아시아 서쪽에 사는 사람들에게는 세상의 전부였어. 이곳 사람들은 지중해를 오가며 장사를 하고 전쟁을 하는 가운데 문명을 발전시켰어.

① 포르투갈 ② 스페인 ③ 프랑스 ④ 이탈리아 ⑤ 슬로베니아 ⑥ 크로아티아 ⑦ 보스니아헤르체고비나
⑧ 몬테네그로 ⑨ 알바니아 ⑩ 그리스 ⑪ 튀르키예 ⑫ 시리아 ⑬ 레바논 ⑭ 이스라엘 ⑮ 이집트 ⑯ 리비아
⑰ 튀니지 ⑱ 알제리 ⑲ 모로코

그렇다고 지중해가 육지로 꽉 막힌 건 아니야. 서쪽의 지브롤터 해협을 통해 대서양으로 나갈 수 있어.

지중해의 에게해에서 다르다넬스 해협을 지나면 마르마라해가 나오고, 거기에서 보스포루스 해협을 통과하면 흑해와 연결돼.

그리고 이집트의 수에즈 운하를 통해 홍해를 지나면 인도양으로 갈 수 있어.

지브롤터는 스페인에 있지만 영국 땅이야.
그리고 수에즈 운하는 배가 지나다닐 수 있도록 사람들이 만든 인공 운하란다.

스페인과 카탈루냐 그리고 바르셀로나

이게 스페인 지도야. 모두 15개의 주로 구성되어 있어. 북동쪽의 피레네산맥 너머에 프랑스가 있고, 피레네산맥에는 안도라라는 작은 나라가 있어. 서쪽에는 포르투갈이 있지.

① 갈리시아(Galicia)
② 아스투리아스(Asturias)
③ 카스티야이레온(Castilla y León)
④ 칸타브리아(Cantabria)
⑤ 바스크(País Vasco, Basque)
⑥ 라리오하(La Rioja)
⑦ 나바라(Navarra)
⑧ 아라곤(Aragón)
⑨ 카탈루냐(Cataluña)
⑩ 발렌시아(Valenciana)
⑪ 무르시아(Murcia)
⑫ 카스티야라만차(Castilla-La Mancha)
⑬ 마드리드(Madrid)
⑭ 엑스트레마두라(Extremadura)
⑮ 안달루시아(Andalucía)

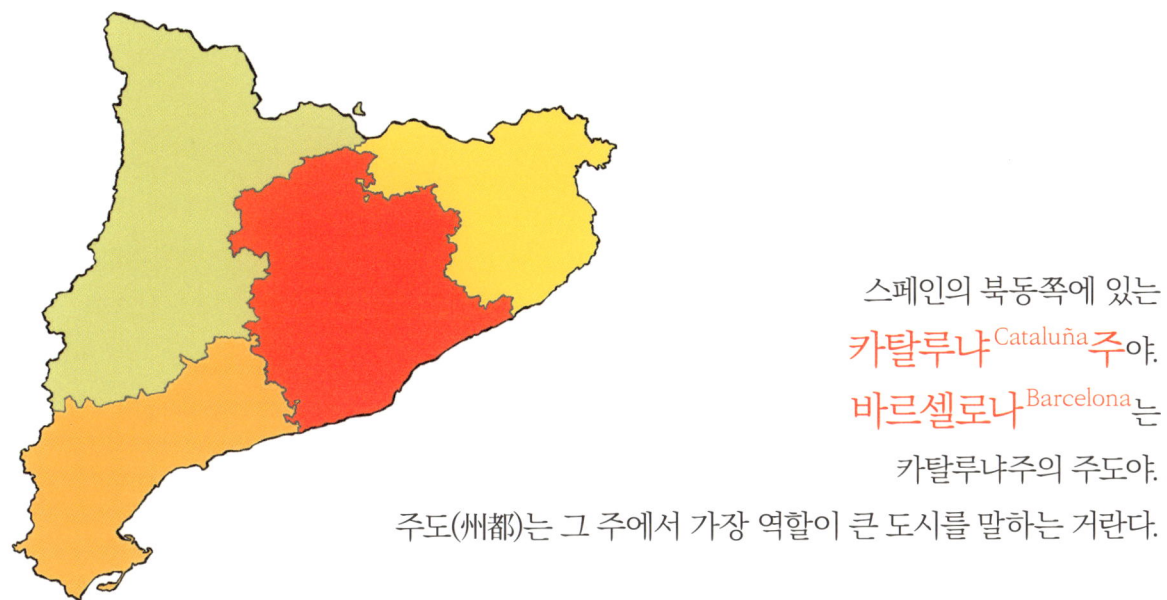

스페인의 북동쪽에 있는
카탈루냐^{Cataluña} 주야.
바르셀로나^{Barcelona}는
카탈루냐주의 주도야.
주도(州都)는 그 주에서 가장 역할이 큰 도시를 말하는 거란다.

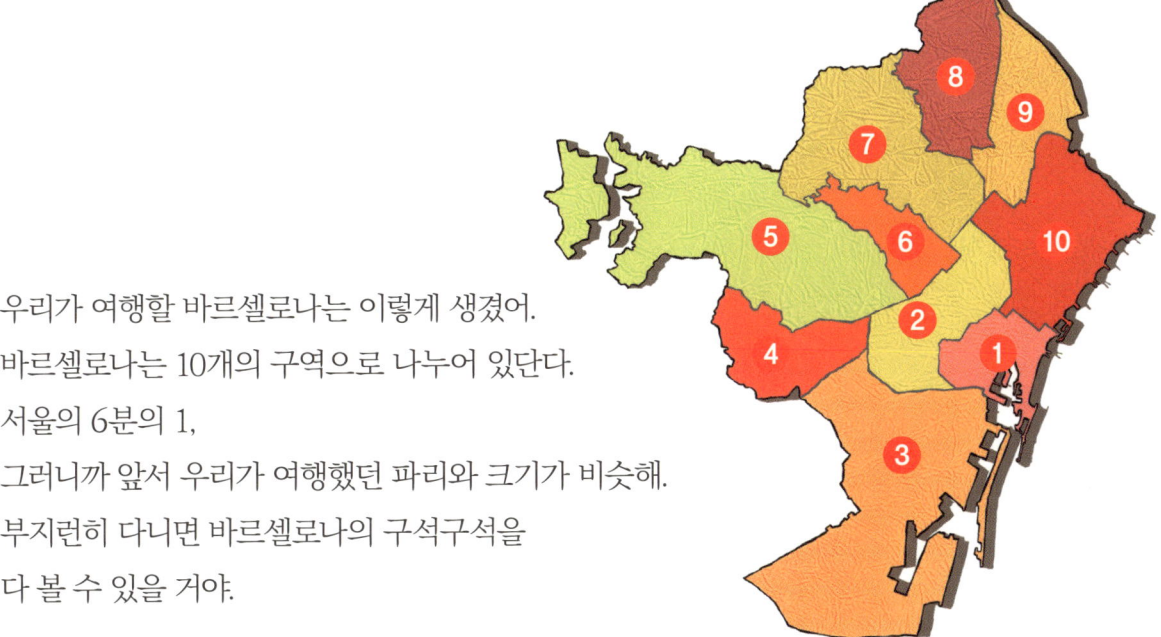

우리가 여행할 바르셀로나는 이렇게 생겼어.
바르셀로나는 10개의 구역으로 나누어 있단다.
서울의 6분의 1,
그러니까 앞서 우리가 여행했던 파리와 크기가 비슷해.
부지런히 다니면 바르셀로나의 구석구석을
다 볼 수 있을 거야.

① 시우탯 베야(Ciutat Vella) ② 에이샴플레(Eixample) ③ 산츠 몬주익(Sants-Montjuic) ④ 레스 코르츠(Les Corts)
⑤ 사리아 산 게르바시(Sarrià-Sant Gervasi) ⑥ 그라시아(Gràcia) ⑦ 호르타 귀나르도(Horta-Guinardó)
⑧ 누 바리스(Nou Barris) ⑨ 산 안드레우(Sant Andreu) ⑩ 산 마르티(Sant Marti)

카탈루냐 광장

바르셀로나 여행의 출발점은 **카탈루냐 광장** Plaza de Cataluña 이야. 왜냐하면 바르셀로나에서 운영하는 도시 관광버스가 이곳에서 출발하고, 볼거리가 풍부한 그라시아 거리와 람블라스 거리가 시작되기 때문이야. 우리가 이 책에서 바르셀로나 여행을 하는 동안 카탈루냐 광장은 아주 중요한 기준이 되기 때문에 위치를 알아 놓으면 좋아.

그라시아 거리에는 명품 가게들이 죽 이어져 있어서 쇼핑하기에 아주 좋아. 그리고 이 거리에서는 천재 건축가의 뛰어난 건축물을 볼 수가 있어. 바르셀로나의 화창한 날씨 속에 이 거리를 걷는다면 기분이 아주 좋을 거야.

카사 바트요

그라시아 거리의 중간쯤에 이르면 갑자기 눈에 확 띄는 건물이 나타날 거야. 벽면은 형형색색의 아름다운 타일로 장식했고, 발코니의 난관은 마치 쾌걸 조로의 가면처럼 생겼어. 이 건물 이름이 **카사 바트요** Casa Batlló 야.

카사 바트요 왼쪽에 있는 건물도 아주 멋져. 원래 이 왼쪽 건물을 먼저 예쁘게 꾸몄대. 그러자 카사 바트요의 집주인이 자신의 집을 더 예쁘게 꾸미기 위해 천재 건축가에게 부탁해서 이런 건물이 만들어진 거란다.

카사 바트요의 곡선을 이룬 창문과 천정이 아름답지 않니? 벽을 파고 들어간 벽난로 곁에는 사람이 앉을 수 있는 의자까지 만들어 두었어.

카사 밀라

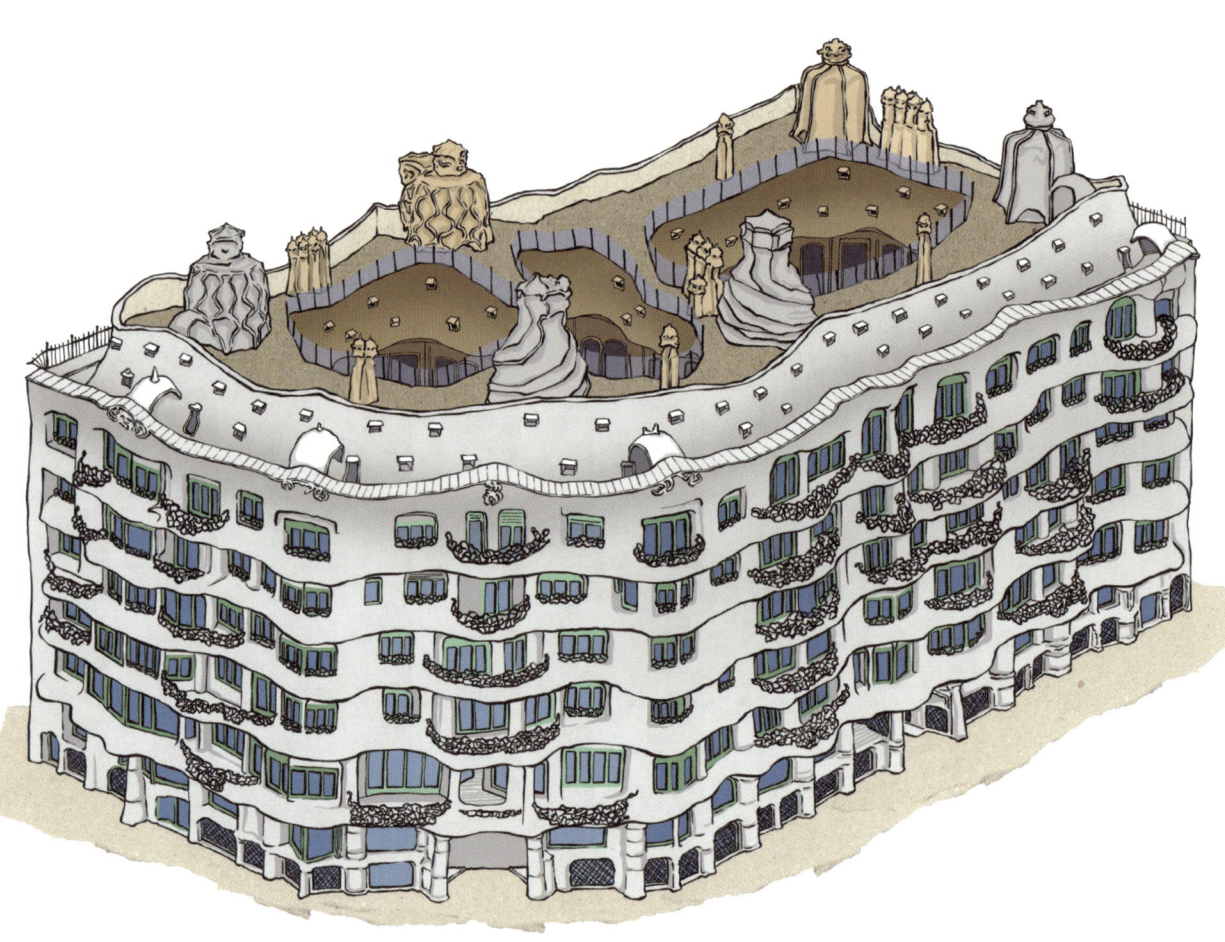

그라시아 거리의 끄트머리에 있는 **카사 밀라**^{Casa Milà}야. 집 전체가 거대한 돌덩이처럼 생겨서 '채석장'이라는 별명이 있지만, 벽면은 바다의 파도처럼 물결 모양을 이루고 있어. 그런데 카사(Casa)가 무슨 뜻일까? 바로 '집'이라는 뜻이야. 카사 바트요는 '바트요의 집', 카사 밀라는 '밀라의 집'이라는 뜻이지. 카사 바트요는 바트요 가족의 집이지만, 카사 밀라는 여러 가족이 함께 살던 공동 주택이야. 우리나라로 치면 다세대 주택인 거지. 집주인인 페드로 밀라는 이 집을 좋아하지 않았다고 해.

카사 밀라는 가운데를 뚫어서 햇빛이 건물 안으로 들어오도록 설계했어. 물결처럼 굴곡진 옥상을 걷는 것도 아주 재미있단다.

카사 밀라의 옥상에는 다양한 조각상이 서 있는데, 사실 이 조각상들은 집 안의 공기를 환기시키는 굴뚝이야.

가우디와 구엘

안토니 가우디

에우세비 구엘

자, 여기서 문제를 하나 낼게. 앞서 살펴본 카사 바트요와 카사 밀라를 만든 사람이 누구일까? **안토니 가우디**^{Antoni Gaudi}라는 건축가야. 가우디는 오늘날 바르셀로나가 세계적인 디자인 도시로 거듭나는 데 큰 공을 세웠어.

가우디는 건축 학교를 졸업할 때까지만 해도 제대로 인정받지 못했어. 오히려 문제아 취급을 당했지. 왜냐하면 가우디는 건축에 관한 일반적인 상식에서 벗어난 디자인을 했거든. 직선과 대칭을 중요시하는 건축에서 곡선과 비대칭을 활용했으니, 그럴 만도 했어.

가우디가 자신만의 독특한 디자인으로 조금씩 유명세를 탈 때 그의 천재성을 알아본 사람이 있었어. 바르셀로나 최고의 부자인 **에우세비 구엘**^{Eusebi Güell}이라는 사람이야. 구엘은 가우디가 생계와 주변의 시선에 구애받지 않고 자신만의 건축 세계를 펼치도록 후원했어. 바르셀로나가 세계에서 가장 사랑받는 도시가 된 데에는 천재 건축가 가우디와 예술을 사랑했던 기업가 구엘이 있었기 때문이야.

유네스코는 보전할 가치가 높은 건축물과 문화재 등을 세계 문화유산으로 지정하는데, 가우디의 건축물 가운데 7개가 세계 문화유산으로 지정되었어. **카사 비센스**^{Casa Vicens}, **구엘 저택**^{Palau Güell}, **콜로니아 구엘 성당**^{Colónia Güell}, 구엘 공원, 카사 바트요, 카사 밀라, 사그라다 파밀리아(성 가족 성당)야.

카사 비센스

구엘 저택

콜로니아 구엘 성당

구엘 공원

카사 밀라에서 길을 따라 가면 카사 비센스가 나오고, 조금 더 가면 구엘 공원^{Parc Güell}이 나와. 공원 입구에 나란히 서 있는 두 채의 집은 관리실과 관리인을 위한 숙소야. 동화에 나오는 집처럼 예쁘지 않니? 입구를 지나 계단을 오르면 그리스 신전처럼 기둥이 받치고 있는 건물이 보여. 건물 옥상에는 알록달록한 타일을 붙인 벤치가 둘러싼 광장이 있어. 벤치는 돌이지만, 인체공학적으로 만들어서 앉으면 무척 편안하단다.

산 파우 병원

구엘 공원에서 동쪽으로 10분 정도 걸어가면 **산 파우 병원**^{Hospital de Sant Pau}이 있어. 원래 산 파우 병원은 몬주익 언덕 부근에 있었는데, 1902년에 루이스 도메네크 이 몬타네르(Lluís Domènech i Montaner)가 설계를 맡아서 새로 짓기 시작했어. 지금은 병원으로 쓰이지 않지만, 바르셀로나의 역사를 증명하는 관광지로 사랑을 받고 있어. 예쁜 건물이 곳곳에 자리 잡고 있고 정원이 아름다워서 공원 같은 느낌을 준단다.

사그라다 파밀리아

산 파우 병원에서 남쪽으로 곧장 1킬로미터 정도 걸어가면 가우디의 마지막 작품인 **사그라다 파밀리아**^{Sagrada Família}가 나와. 원래 다른 건축가가 설계했지만, 1883년에 31세의 가우디가 책임을 맡으면서 이전의 설계를 무시하고 새롭게 짓기 시작했어. 76살에 가우디가 사고로 죽을 때까지도 전체의 24%만 건축되었고, 2024년까지 142년째 짓고 있어. 가우디는 성당이 완성되려면 200년이 걸릴 거라고 예상했지만, 그동안 건축 기술이 발달해서 공사 기간을 조금은 당길 수 있을 거라고 해. 자연 조명을 활용한 내부와 벽면 곳곳에 부조되어 있는 조각상들이 눈길을 사로잡는 아주 아름다운 건물이야.

글로리스 타워와 엔칸츠 벼룩시장

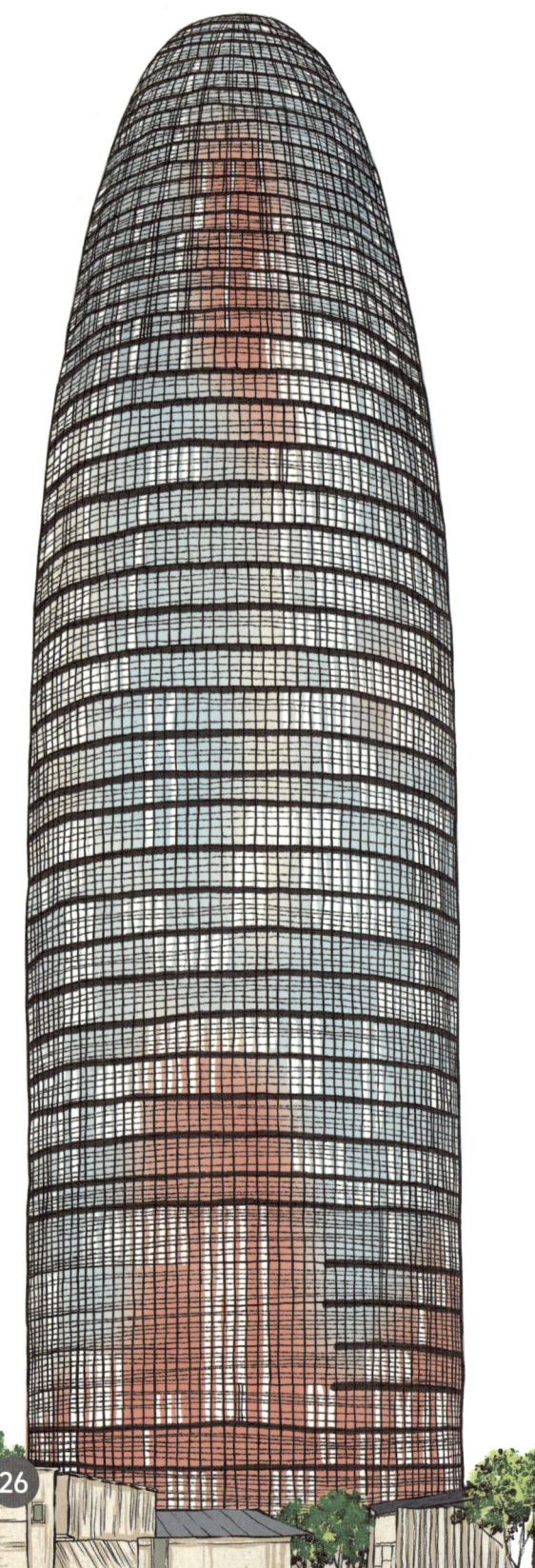

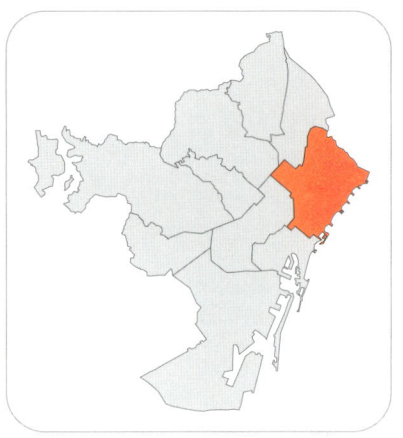

사그라다 파밀리아에서 동쪽으로 1,300미터 떨어진 곳에 **글로리스 타워**(Torre Glòries)가 있어. 예전 이름은 아그바 타워(Torre Agbar)였어. 바르셀로나에서는 보기 드문 현대식 고층 빌딩이지. 그런데 생김새가 런던의 30 세인트 메리 액스(30 St. Mary Axe)와 닮았어. 같은 건축가가 설계한 것이 아닌데도 말이야. 건물 전체를 촘촘하게 유리창이 설치된 외벽이 감싸고 있는데, 기온과 낮밤에 따라 저절로 열리고 닫히면서 건물의 온도와 조명을 조절한다고 해. 에너지 절약에도 효과적인 건물이라는 뜻이야.

글로리스 타워 앞에 있는 호세프 안토니 코데흐르 광장을 가로지르면 역사가 아주 오랜 **엔칸츠 벼룩시장**^{Mercat dels Encants}에 갈 수 있어. 벼룩시장은 중고 상품이나 오래된 물건을 사고파는 시장이야. 좌판에 늘어놓은 상품과 상인들, 물건을 구경하는 사람들로 아주 북적이는 곳이지. 바르셀로나 사람들의 활기를 느껴 보고 싶다면 꼭 가 봐. 특히 거울처럼 맑은 천정이 시장의 모습을 비추어서 아주 신비로운 느낌이 들어.

🇪🇸 시우타데야 공원

엔칸츠 벼룩시장에서 남쪽으로 1킬로미터 정도 길을 따라 가면 사방을 나무가 빽빽하게 둘러싼 **시우타데야 공원**^{Parc de la Ciutadella}이 나와. 원래 1888년에 개최한 만국 박람회가 열린 곳인데, 지금은 인공 폭포와 호수, 카탈루냐 의회, 동물원, 광장이 어우러진 휴식 공간으로 자리 잡았어. 특히 동물원에는 코피토 데 니에베라는 흰색 고릴라가 유명했는데, 2003년에 세상을 떠났어.

바르셀로나 개선문

공원 입구

초콜릿 박물관

피카소 미술관

코피토 데 니에베

시우타데야 인공 폭포

호수

카탈루냐 의회

동물원

공원 입구에서 멀지 않은 곳에 만국 박람회의 정문으로 만든 **바르셀로나 개선문** Arc de Triomf 이 있고, 주변에는 초콜릿 박물관, 피카소 미술관 등 볼거리가 많아.

초콜릿 박물관과 피카소 미술관

지금은 스위스와 벨기에가 초콜릿으로 유명하지만, 초콜릿을 처음 만든 나라는 스페인이야. 스페인의 지원을 받아 아메리카를 탐험한 콜럼버스가 초콜릿 만드는 재료인 카카오를 아메리카에서 스페인으로 들여왔거든. 초콜릿 박물관 Museu de la Xocolata 은 시우타데야 공원 근처에 있어. 초콜릿으로 갖가지 건물과 영화 캐릭터를 만들어서 전시하기 때문에 볼거리가 아주 풍부해. 초콜릿을 직접 만들어 볼 수도 있지.

세계 곳곳에 '피카소 미술관'이 여러 곳 있어. 그중에 가장 처음 만들어진 곳이 바로 **바르셀로나 피카소 미술관**Museu Picasso de Barcelona이야. 피카소는 스페인의 말라가(Málaga)라는 도시에서 태어나 청소년기와 이십 대 초반을 바르셀로나에서 보내며 그림 공부를 했어. 바르셀로나는 프랑스와 가깝기 때문에 프랑스 미술의 영향을 많이 받았거든.

바르셀로나 대성당과 고대 로마의 성벽

피카소 미술관을 둘러본 뒤에
바르셀로나 대성당 Barcelona Cathedral 에 가 봐.

한때 바르셀로나를 대표하는 건축물이었어. 사그라다 파밀리아가 140년 넘게 짓고 있잖아? 바르셀로나 대성당도 13세기 말부터 15세기 중반까지 거의 150년 동안이나 지었어. 바르셀로나 사람들은 자신이 살아 있는 동안에는 보지 못할 아름다운 건축물을 후대를 위해 남기겠다는 의지가 강한 사람들이야.

바르셀로나 대성당

로마 성벽

한때 유럽을 지배했던 로마가 서로마와 동로마로 갈라진 뒤 오래지 않아 지금의 이탈리아에 있던 서로마는 멸망했어. 하지만 서로마가 멸망한 뒤에도 포르투갈과 스페인이 있는 이베리아반도에는 고대 로마가 세운 도시가 명맥을 유지했어. 그래서 오늘날까지도 고대 로마가 세운 성벽과 건물의 흔적이 스페인 곳곳에 남아 있어. 바르셀로나 사람들은 이 오래된 성벽과 어울리도록 건물을 지어서 과거와 현대가 공존하는 독특한 건물이 많단다.

바르셀로나에서 사람이 가장 많이 몰리는 곳은 그라시아 거리와 람블라스 거리^{La Ramblas}야. 그라시아 거리는 쇼핑하기에 좋고, 람블라스 거리에서는 바르셀로나의 문화와 사람에 흠뻑 젖을 수 있어. 람블라스 거리는 카탈루냐 광장에서 바닷가의 콜럼버스 기념탑까지 1.3킬로미터 길이의 길인데, 길가에 산 호셉 시장^{Mercat de Sant Josep}과 레알 광장^{Plaza Real}, 구엘 저택 외에 박물관과 미술관이 곳곳에 있어서 구경거리가 아주 많아. 거리를 따라 빽빽하게 자란 나무 덕분에 그늘이 아주 좋단다.

콜럼버스 기념탑과 벨 항구

카탈루냐 광장에서 시작한 람블라스 거리는 바닷가에 서 있는 **콜럼버스 기념탑** Monumento a Colón 에서 끝나. 크리스토퍼 콜럼버스(Christopher Columbus)는 아메리카 대륙을 유럽에 알린 탐험가였어. 그런데 그는 이탈리아 사람이야. 왜 이탈리아 사람의 기념탑이 바르셀로나에 있는 걸까? 자세한 이야기는 뒤에서 할게.

콜럼버스 기념탑 앞에서 바다를 향해 뻗어 있는, 파도처럼 출렁이는 모양의 다리를 건너면 마레아마그넘(Maremagnum)이라는 쇼핑센터가 나오는데, 이 일대가 **벨 항구** Port Vell 야. 스페인어로는 람블라 데 마르(Rambla de Mar)라고 해. 지중해를 향해 출발할 날을 기다리는 항구의 요트들을 보면 가슴이 부풀어 오를 거야. 주변에 바르셀로나 수족관도 있으니까, 꼭 가 봐.

후추와 이슬람 제국

톡 쏘고 향이 강한 후추를 그리 좋아하지 않을 거야. 하지만 과거 유럽 귀족들에게 후추는 아주 중요한 향신료였어. 유럽 사람들은 고기를 즐겨 먹었는데, 후추는 고기의 비린내를 없애 줄 뿐만 아니라, 고기를 후추에 절이면 오랫동안 상하지 않게 보관할 수 있었거든. 과거에는 냉장고가 없었으니까.

안타깝게도 유럽에서는 후추가 나지 않았어. 그럼 어디서 후추를 가져왔을까? 머나먼 인도 남부까지 가서 구해 왔어. 특히 이탈리아의 도시 국가들은 인도에서 싸게 들여온 후추를 유럽에 비싸게 팔면서 엄청난 부자가 되었어.

오늘날에도 고기를 더 맛있게 먹기 위해 고기를 향신료에 재우는 시즈닝(seasoning)이라는 과정을 거치는데, 이때도 후추가 아주 중요한 역할을 해.

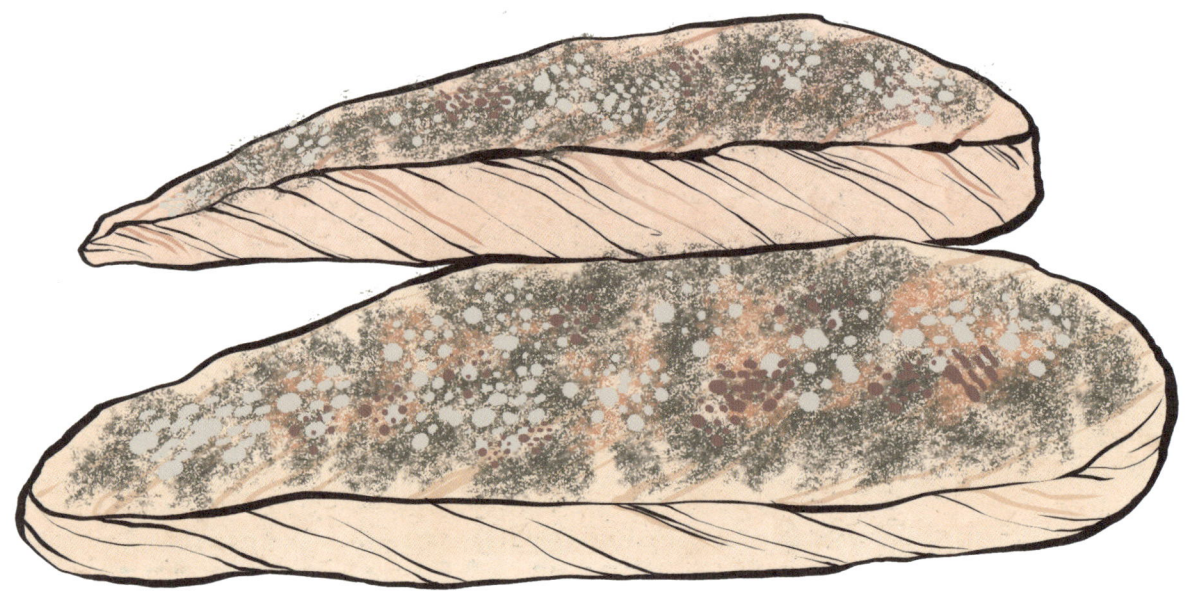

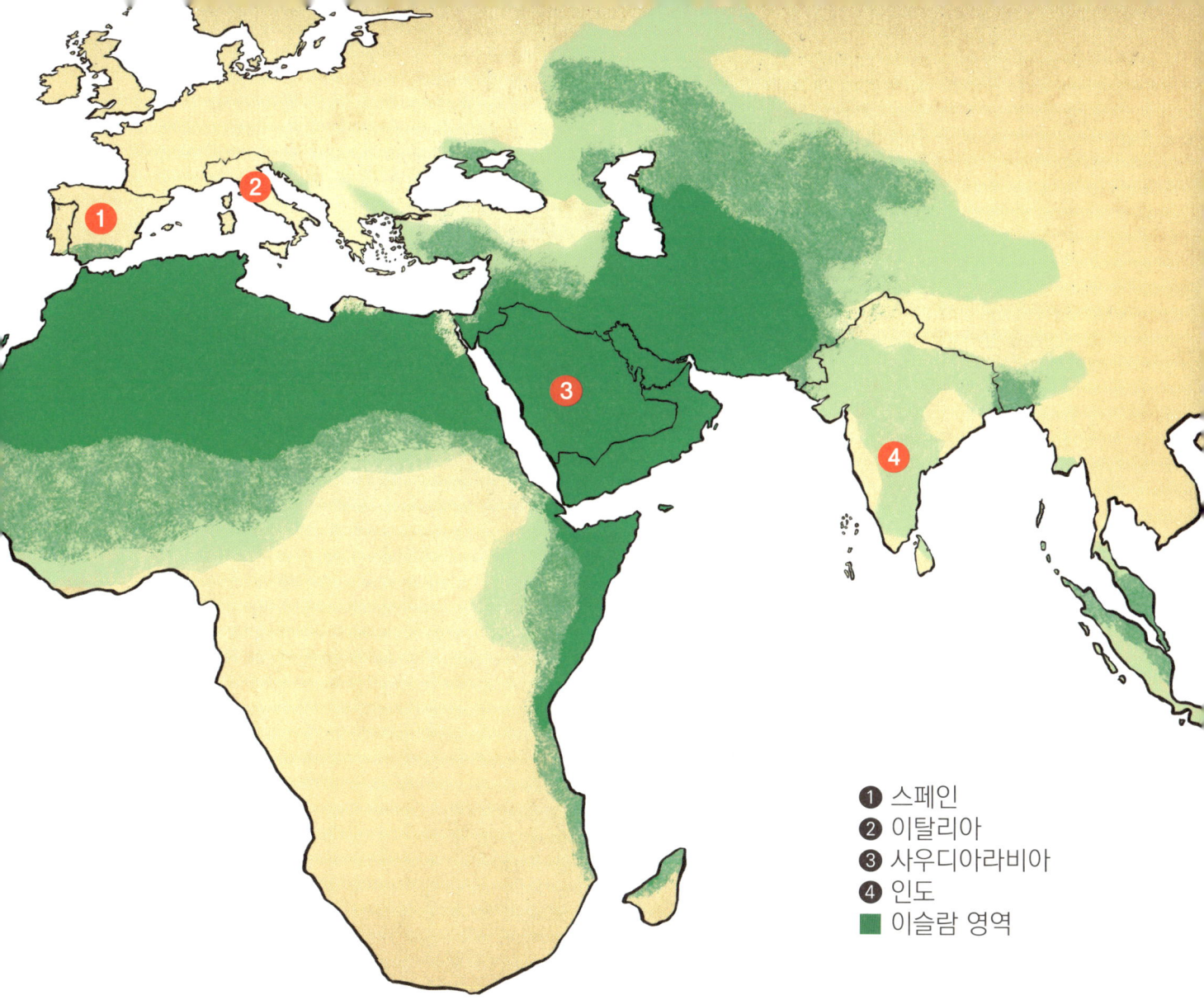

❶ 스페인
❷ 이탈리아
❸ 사우디아라비아
❹ 인도
■ 이슬람 영역

그런데 유럽에서 더 이상 후추를 구할 수 없게 되었어. 오늘날의 사우디아라비아에서 이슬람이라는 종교가 탄생하면서 유럽의 상인들이 인도로 향하는 길이 막혔기 때문이야. 유럽 대부분의 나라는 가톨릭을 믿었는데, 이슬람 세력과 가톨릭은 서로를 적대시해서 전쟁을 치르기도 했거든. 사업 수완이 좋고 비교적 인도와 가까운 이탈리아의 도시 국가들은 어렵게나마 후추를 구할 수 있었지만, 유럽의 서쪽 끄트머리에 있는 스페인과 포르투갈은 후추를 구경조차 할 수 없게 되었고, 이탈리아에서 구한다 해도 값이 너무 비싸서 큰 어려움을 겪었어. 이때 등장한 사람이 이탈리아의 탐험가 크리스토퍼 콜럼버스야.

대항해 시대와 서인도제도

당시 유럽 사람들은 우리가 살아가는 지구에 대해서 잘못 알고 있었어. 지구가 평평하기 때문에 이베리아반도에서 서쪽으로 배를 타고 나가면 낭떠러지로 떨어질 것이라고 생각했던 거야. 하지만 몇몇 사람들은 지구가 둥글다는 사실을 알았는데 그중 한 사람이 바로 콜럼버스였어. 스페인을 출발하여 지구를 한 바퀴 돌면 반대편에 있는 인도에 갈 수 있다고 스페인 왕을 설득해서 배와 선원을 얻었어. 그리고 1492년 8월 3일, 드디어 서쪽 바다로 항해를 시작했어.

스페인에서 서쪽으로 항해한 콜럼버스는 그때까지만 해도 유럽에 알려지지 않았던 중앙아메리카의 섬에 도착했어. 이렇게 해서 아메리카가 유럽에 알려지게 되었어. 그런데 오늘날 콜럼버스가 도착한 섬 지역을 오늘날에도 서인도제도 West Indies 라고 불러. 왜냐하면 콜럼버스는 죽을 때까지 그곳이 인도라고 믿었기 때문이야.

서인도제도

바르셀로네타 해변

지중해를 끼고 있는 바르셀로나에는 여러 곳에 해변이 있어. 그중에서 가장 유명한 곳이 바로 이곳, **바르셀로네타 해변**^{La Barceloneta}이야. 해변을 따라 산책길이 잘 조성되어 있고, 길가에는 카페와 해산물 요리를 파는 레스토랑이 아주 많아서 여러 가지 경험을 할 수 있어. 아 참, 근처에 있는 카탈루냐 역사박물관에도 꼭 가 봐. 이곳은 원래 아메리카 대륙을 탐험하고 돌아온 콜럼버스를 스페인의 이사벨 1세 여왕과 페르난도 2세 왕이 맞이한 궁전인데, 지금은 박물관으로 쓰고 있어.

카사와 만사나 그리고 슈퍼 블록

바르셀로나의 에이샴플레 지역에서는 여러 채의 집이 다닥다닥 붙어서 하나의 큰 건물을 형성한 독특한 모양의 주택을 쉽게 볼 수 있어. 이번에는 바르셀로나의 주택에 대해서 알아볼게.

카사

먼저 **카사** casa야. 카사가 뭔지는 알지? 그래, '집'을 뜻하는 말이야.

만사나

여러 채의 카사가 사각형 또는 삼각형 모양으로 모여서 **만사나** Manzana를 이루어. 만사나의 가운데 공간은 대체로 정원이나 마당으로 쓰는데, 여기까지 건물이 들어선 경우도 있어.

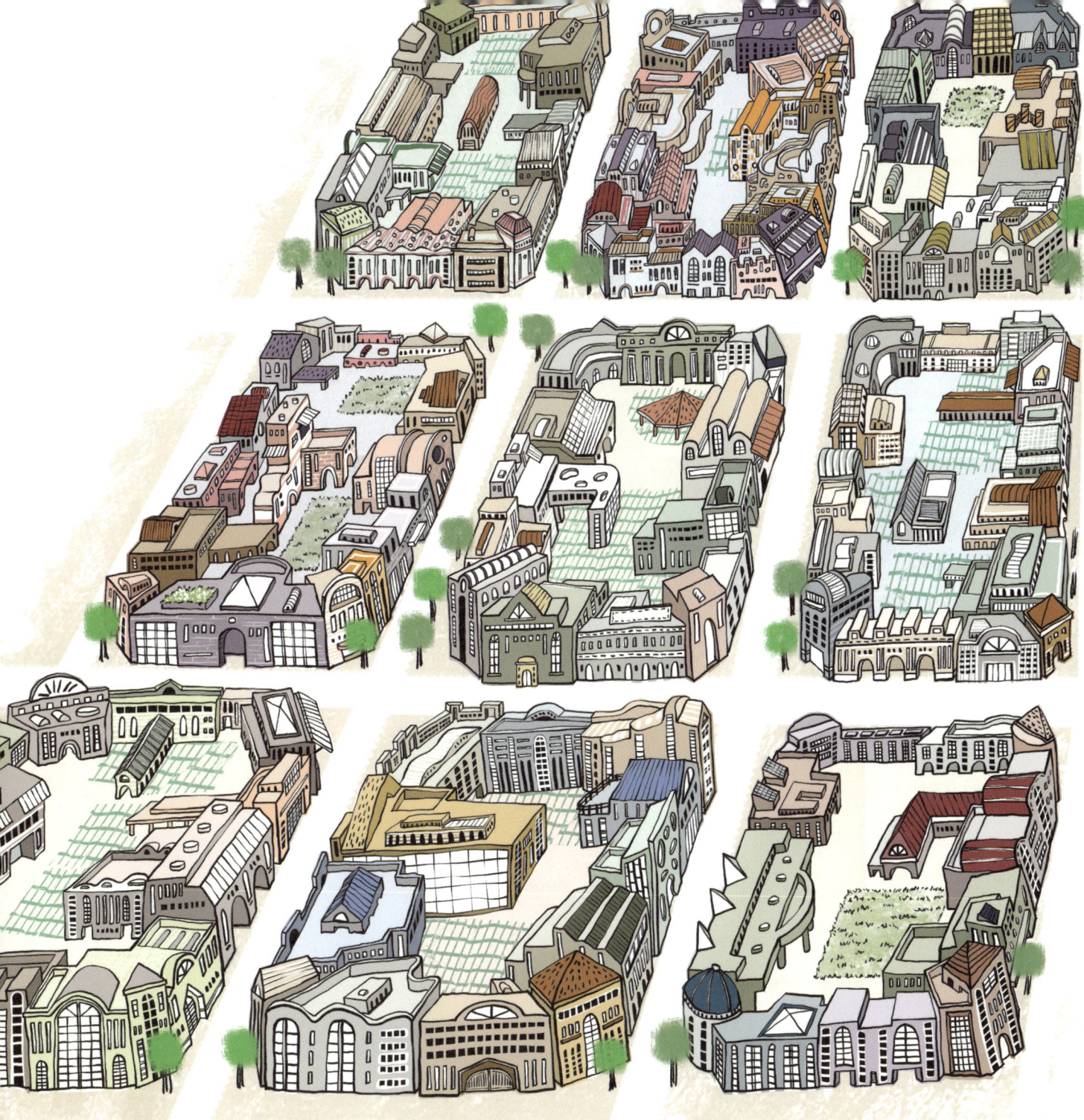

슈퍼 블록

그리고 만사나 아홉 개 정도를 묶어서 **슈퍼 블록**^{Super Block}이라고 불러.

몬주익 언덕과 바르셀로나 올림픽

바르셀로네타 해변에서 남서쪽으로 가면 **몬주익**Montjuïc이라는 언덕이 있어. 이곳에는 1992년에 열린 **바르셀로나 올림픽**의 스타디움을 비롯하여, 몬주익성, 카탈루냐 미술관, 스페인 마을 등의 볼거리가 있어. 특히 이곳은 우리에게도 친숙한 곳인데, 마라톤 경주에 나선 우리나라의 황영조 선수가 마지막까지 경쟁하던 일본 선수를 바로 이 언덕에서 따돌리고 우승을 차지했기 때문이야. 일제 강점기였던 1936년 일본 국적으로 베를린 올림픽에 출전한 손기정 선수가 우리나라 사람으로는 처음 올림픽 마라톤에서 금메달을 딴 이후 56년 만에 따 낸 두 번째 금메달이었단다.

황영조 기념비

투우와 플라멩코 그리고 축구

스페인 하면 빼놓을 수 없는 3가지 있어.
첫 번째는 **투우**이고, 두 번째는 **플라멩코**^{flamenco}야.
투우는 투우사가 사나운 소를 상대로 대결을 벌이는 경기이고,
플라멩코는 화려한 드레스를 입은 무용수가 기타와 캐스터네츠의 연주에 맞추어
발을 구르고 손뼉을 치면서 격렬하게 추는 춤이야.

캄프 누

세 번째가 축구야. 특히 바르셀로나가 연고지인 FC 바르셀로나의 홈구장인 캄프 누(Camp Nou)는 바르셀로나 시민의 성지(聖地)라고 일컬어질 만큼 중요한 곳이야.
대표적인 선수는 리오넬 메시(Lionel Messi)야.
아르헨티나 사람인 메시는 어릴 때 스페인에서 축구를 배웠고, 오랜 시간 FC 바르셀로나의 선수로 뛰었어.
메시는 2022년 카타르 월드컵에서 아르헨티나를 우승으로 이끌었지.

스페인과 바르셀로나를 조금 더 깊이 알아볼까?

언어	스페인어
면적	약 505,991㎢ (한국 100,364㎢)
인구	약 4,750만 명 (한국 약 5,182만 명)
통화	유로(€)
수도	마드리드

이베리아반도와 주변

이베리아반도에는 어떤 사람들이 살았을까?

유럽 서쪽 끝의 포르투갈과 스페인이 있는 주먹 모양의 땅을 이베리아반도라고 해. 반도는 '반 반半'과 '섬 도島'를 쓰는 한자어인데, 섬처럼 생겼지만 섬은 아닌 땅을 말하지. 더 정확하게 말하면 한쪽이 육지와 붙어 있고, 나머지 삼면은 바다로 둘러싸인 지형이야. 우리나라가 있는 한반도도 북쪽은 아시아 대륙과 연결되어 있고, 동쪽과 서쪽, 남쪽은 바다잖아? 이베리아반도는 북동쪽이 유럽 대륙과 붙어 있고, 나머지는 바다로 둘러싸여 있어. 이베리아Iberia라는 이름은 어떻게 생겨났을까? 기원전 8세기경에 그리스 사람들이 이곳에 와서 에브로Ebro 또는 이베루스Iberus라고 부르는 강 주변에 식민지를 건설했어. 그리스인은 강 이름을 따서 그곳 원주민을 이베리아족이라고 불렀고, 자연스럽게 그들이 사는 땅을 이베리아라고 불렀던 거야. 이베리아반도라는 이름에서 한 가지 사실을 알 수 있어. 역사의 기록에 나타난 이곳의 첫 주인이 이베리아족이었다는 점이야. 하지만 이베리아족에 관해서는 알려진 것이 별로 없어. 선사 시대부터 유럽에서 살던 백인종이라는 의견과 북아프리카

지중해 일대의 고대 도시들

에서 건너온 흑인종이라는 주장이 맞서고 있어.

켈트족, 켈티베리아족 그리고 페니키아인

오늘날의 프랑스와 영국 일대에는 과거에 켈트족Celts이 살았어. 로마 사람들은 켈트족이 사는 땅을 갈리아Gallia라고 불렀어. 갈리아에 살던 켈트족 중의 일부가 피레네산맥을 넘어 이베리아반도로 들어왔어. 이들은 원주민인 이베리아족과 결합하여 켈티베리아족Celtiberians이 되었어.

이베리아족과 켈트족, 켈티베리아족은 자연을 숭배했고 그들의 문화는 대체로 야만적이었어. 지중해를 중심으로 페니키아인이 살던 레반트 지역(오늘날의 레바논, 시리아, 요르단, 이스라엘)과 그리스, 로마에서 문명이 발달할 때도 이베리아반도는 여전히 야만의 땅으로 남아 있었어.

인류 문명이 발전함에 따라 각 지역 간의 무역이 활발해졌어. 지중해의 바닷길은 무역을 위한 고속도로와 마찬가지였지. 강을 건너고 산을 넘는 것보다 바다를 통해서 다른 지역으로 가는 게 훨씬 편하니까. 게다가 말이나 수레보다는 배에 훨씬 많은 짐을 실을 수 있잖아. 그래서 지중해를 장악하는 일이 아주 중요했는데, 첫 번째로 지중해를 지배한 이들은 페니키아인이었어. 지중해 동쪽의 레반트 지역을 벗어난 그들은 지중해 해안 곳곳에 도시를 건설했어. 대표적인 도시가 오늘날의 북아프리카 튀니지에 있었던 카르타고Carthago, 기원전 814년 건설야. 페니키아인은 카르타고를 건설하기 전이었던 기원전 1100년경 이베리아반도 남쪽, 오늘날 스페인의 도시 카디스Cadiz에 무역항을 건설했어. 이 일이 이베리아반도에 문명의 발길이 닿은 첫 번째 사건이었어.

로마와 카르타고의 포에니 전쟁

기원전 8세기경에는 그리스인이 이베리아반도 동쪽 에브로 강가에 식민지를 건설했어. 이때 이베리아라는 이름이 생겨났다는 이야기는 앞에서 했지? 한층 발달한 문명과 기술을 가진 민족이 하나둘 들어오면서 이베리아반도는 큰 변화를 맞았는데, 포에니 전쟁이라는 결정적인 사건으로 인해 이베리아반도는 드디어 유럽의 문명권에 속하게 돼. 지중해의 첫 번째 지배자인 페니키아인은 카르타고를 중심으로 지중해의 해상권을 장악했어. 그런

레바논의 비블로스에 있는 고대 도시의 유적

데 새로운 강자가 나타났어. 로마야. 이탈리아반도에서 탄생한 로마는 빠른 속도로 세력을 키우면서 지중해 주변 곳곳에 식민지와 속주를 건설했어. 자, 여기서 역사책을 읽을 때 자주 나오는 '식민지'와 '속주'라는 단어를 알아볼까?

먼저 식민지. 한자어는 한자의 뜻을 알면 이해하기 쉬워. 식민지의 한자는 '심을 식植', '백성 민民', '땅 지地'를 써. 한자대로 풀이하면 '백성을 심은 땅'인데, 이건 제법 정확한 뜻풀이야. 원래 식민지는 자기 나라 백성을 다른 지역에 보내 거기에 살도록 하면서 자기 땅으로 삼는 걸 뜻해. 영국에서 대서양을 건너 북아메리카에 도착한 사람들도 식민지를 건설했어. 이 식민지를 중심으로 영국에서 건너온 사람이 점점 많아지면서 북아메리카 동부는 영국 땅이 되었거든. 근대 이후에는 군사력이 강한 나라가 약한 나라를 정복해서 식민지로 삼았어. 영국은 인도를 비롯한 전 세계 곳곳에 식민지를 두었고, 우리나라도 한때는 일본의 식민지였어. 식민지가 된 나라나 지역의 주민은 정치적 결정을 내릴 주권을 잃고 경제적으로는 자원과 노동력을 빼앗기는 등 고통스러운 상황에 처하게 돼.

이번에는 속주屬州. 속주는 '어느 나라에 속한 땅'이라는 뜻이지만, 이런 뜻으로 속주라는 단어를 잘 쓰지는 않아. 대신 '로마의 속주'라는 표현을 써서 고대 로마 제국이 이탈리아반도 이외의 지역에 점령한 영토를 가리키는 경우가 많아. 한때 로마는 지중해 주변 거의 모든 땅을 차지할 만큼 커다란 나라였거든.

로마가 한창 성장하던 무렵 지중해를 장악하고 영토를 더욱 넓히기 위해서는 반드시 넘어야 할 산이 있었어. 바로 페니키아인이 건설한 도시 국가 카르타고였어. 로마와 카르타고는 지중해의 최고 강자 자리를 놓고 한판 대결을 벌였어. 이것이 바로 포에니 전쟁이야. '포에니Poeni'는 '페니키아Phoenicia인'이라는 뜻이야.

로마의 속주, 히스파니아

포에니 전쟁은 세 번에 걸쳐 일어났어(기원전 264년~기원전 146년). 카르타고에는 역사에 길이 남을 뛰어난 장군 한니발이 있었어. 로마는 2차 포에니 전쟁 때 한니발 군대의 공격을 받아 거의 멸망 직전까지 몰렸어. 다행히 로마 시민과 군대가 거세게 저항하여 카르타고를 막아내고, 결국 3차 포에니 전쟁 때 완전한 승리를 거머쥐었어. 로마는 자기네

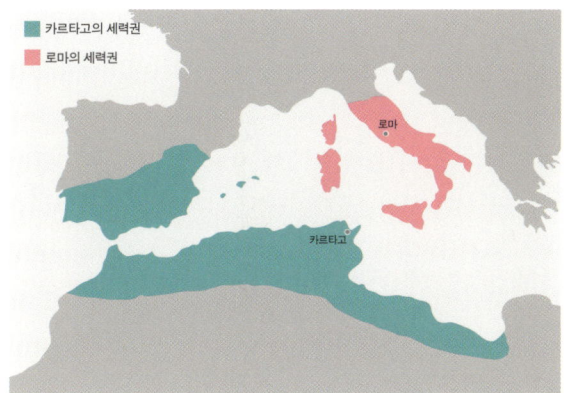
제2차 포에니 전쟁 당시의 로마와 카르타고 영역

게르만족을 공격하는 훈족의 병사들

를 사지로 몰아넣었던 적에게 복수하기 위해 카르타고를 쑥대밭으로 만들었어. 이때 이베리아반도에 있던 페니키아의 식민지도 로마의 손에 넘어갔어. 이로써 이베리아반도는 로마의 속주가 되었고, 로마인은 그곳을 '히스파니아Hispania'라고 불렀어. 오늘날 스페인 사람들은 자기 나라를 '에스파냐España'라고 부르는데, 히스파니아가 변해서 에스파냐가 된 거야.

원래 식민지나 속주에 사는 사람들은 본국의 사람들에 비해 지위가 낮지만, 히스파니아 사람들은 로마 시민과 거의 같은 대접을 받았어. 그래서 히스파니아에서 태어난 트라야누스와 테오도시우스 1세는 로마의 황제에 오르기도 했어. 그만큼 히스파니아와 로마의 관계가 좋았던 거야. 나중에 서로마가 멸망한 뒤에도 로마를 세운 라틴족Latin의 문화와 전통이 히스파니아에서 이어졌어. 그래서 한때 스페인의 지배를 받았던 남아메리카를 라틴아메리카라고 부르는 거야.

게르만족의 대이동과 서고트 왕국 건설

기원후 4세기 후반, 중앙아시아의 유목 민족인 훈족Hun이 북유럽으로 쳐들어왔어. 자유자재로 말을 부리는 훈족은 막강하고 잔인해서 유럽인에게 공포의 대상이었어. 북유럽에 살던 게르만족Germanic people은 훈족을 피해 유럽 남쪽과 서쪽으로 달아났어. 이 일을 '게르만족의 대이동'이라고 해.

당시 유럽을 지배했던 로마는 게르만족에게 살 땅을 내어주었지만, 고향을 떠나 살기가 힘들었던 게르만족은 시시때때로 로마를 약탈하고 공격했어. 오늘날 스칸디나비아 3국(노르웨이, 스웨덴, 덴마크)과 독일, 오스트리아 국민의 조상인 게르만족은 여러 갈래로 갈라졌는데, 그중 한 민족인 서고트족Visigoth이 특히 로마를 괴롭혀서 로마의 국력을 약하게 만들었어. 그러자 그동안 억눌려 지냈던 여러 '야만족'이 로마를 공격하기 시작했어. 이처럼 혼란스러운 시기에 로마는 서로마와 동로마(비잔티움 제국)로 분리되었고, 오래지 않아 서로마는 게르만족에 의해 멸망했어(476년).

서로마가 무너지기 전, 서고트족은 로마를 위협하며 힘을 과시했지만, 게르만족의 다른 부족인 프랑크족Frank의 세력이 커지자 유럽 구석인 이베리아반도까지 밀려났어. 그리고 415년 서고트족은 서고트 왕국을 세움으로써 이베리아반도에도 그럴듯한 나라가 들어서게 되었어.

500년경의 서고트 왕국

투르-푸아티에 전쟁을 묘사한 그림

왕위 계승 다툼과 이슬람 세력의 진출

잠시 눈길을 중동으로 돌려 볼까? 610년 오늘날의 사우디아라비아에서 무함마드가 이슬람교를 창시했어. 이슬람교는 다른 종교와 민족을 탄압하지 않는 관용적인 정책을 펼친 덕분에 많은 사람의 호응을 얻어서 빠른 속도로 퍼져 나갔어. 동쪽으로는 페르시아(오늘날의 이란)까지 뻗었고, 서쪽으로는 이집트를 넘어 북아프리카까지 진출했어. 이렇게 해서 지중해를 경계로 가톨릭교를 믿는 유럽과 대치하게 되었지.

이런 상황에서 서고트 왕국에서는 누가 왕이 될 것인가를 놓고 다툼이 벌어졌어. 원래 서고트 왕국은 귀족의 투표를 통해 왕을 뽑았어. 그런데 702년 왕에 오른 위티사가 자신의 아들 아길라에게 왕위를 물려주겠다고 선언하면서 문제가 터졌어. 710년 위티사가 죽자 귀족들은 로드리고를 왕에 추대한 반면 아길라는 자신이 왕이라고 주장했어. 세력이 약했던 아길라는 이때 절대로 하지 말아야 할 선택을 하고 말았어. 지브롤터 해협 건너편 북아프리카의 무어인들에게 도움의 손길을 내민 거야.

당시 유럽인들은 피부색이 짙은 이슬람교 신자를 통틀어서 무어인Moor이라고 불렀어. 아길라의 요청을 받아들인 무어인들이 이베리아반도로 들어왔어. 그들은 로드리고의 군대는 물론 아길라의 군대까지 몰아내고 이베리아반도의 대부분을 차지했어. 이때 서고트 왕국은 멸망했고, 가톨릭교를 믿는 많은 백인들이 북쪽의 산악 지방으로 쫓겨 갔어.

무어인 세력은 내친 김에 피레네산맥을 넘어 프랑크 왕국(프랑스)까지 진출하려 했어. 하지만 732년 투르-푸아티에 전투에서 프랑크 왕국을 다스리던 카를 마르텔의 군대에 막혔고, 피레네산맥은 유럽 내의 가톨릭 세계와 이슬람 세계를 가르는 경계선이 되었어.

이슬람 초창기의 역사

스페인의 역사를 제대로 알기 위해서는 이슬람 역사를 알아두는 것이 좋아. 이베리아반도는 오랫동안 이슬람 세력이 지배했고, 그로 인해 오늘날까지도 스페인은 다른 유럽 국가들과는 차별되는 독특한 분위기와 문화를 누리고 있거든.

이슬람교 내에는 크게 세 가지 계층의 지도자가

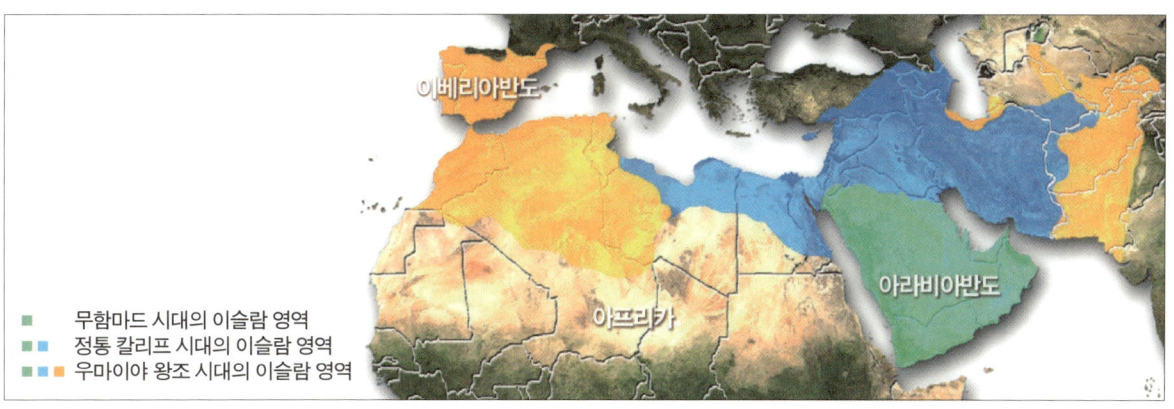

- 무함마드 시대의 이슬람 영역
- 정통 칼리프 시대의 이슬람 영역
- 우마이야 왕조 시대의 이슬람 영역

있어. 칼리프^{caliph}는 이슬람교를 창시한 무함마드의 후계자로서 종교와 정치를 아우르는 가장 권위 있는 지도자야. 술탄^{sultan}은 이슬람 국가의 왕이고, 아미르$^{amir,\ 영어로는\ 에미르(emir)}$는 한 지역의 영주나 이슬람 군대의 사령관을 뜻해. 두바이로 유명한 나라 아랍 에미리트가 바로 아미르(에미르)가 연합하여 세운 나라야. 이맘^{imām}이라는 지도자도 있는데, 이슬람교 내의 중대한 두 세력인 수니파와 시아파 가운데 시아파가 인정하는 종교 지도자를 말해. 그리고 무슬림^{Muslim}이라는 말은 이슬람을 믿는 사람들, 즉 이슬람교도를 뜻해.

이슬람교를 창시한 무함마드가 죽은 뒤 무슬림들은 새로운 지도자를 필요로 했어. 이때 선출된 지도자가 아부 바르크였고, 그는 이슬람의 1대 칼리프가 되었어. 이후에 2대 우마르, 3대 우스만에 이어 알리 이븐 아비 탈리드가 4대 칼리프에 올랐어. 알리는 이슬람교 창시자인 무함마드의 사촌동생이자 사위일 뿐 아니라 이슬람교가 널리 퍼지는 데 큰 공을 세운 아주 중요한 인물이야. 하지만 무슬림의 지지가 높은 만큼 적이 많았어. 알리는 칼리프를 새로 뽑을 때마다 항상 가장 강력한 후보로 떠올랐지만 그를 경계하는 세력에 의해 매번 좌절되었다가 드디어 4번째 칼리프에 올랐어.

개혁적인 성향이 강한 알리가 칼리프가 되었다는 사실은 이슬람교 내에서 기득권을 누렸던 이들에게는 재앙과도 같았어. 결국 대대로 아라비아 지역에서 권세를 누린 우마이야 가문의 무아위야가 알리에게 도전했어. 하지만 알리는 무슬림 사이에 명망이 높을 뿐 아니라 오랜 세월 전쟁터에서 실력을 쌓은 뛰어난 장수였어. 그런 알리에게 무아위야는 상대가 될 수 없었지. 무아위야는 알리에게 패했지만, 가문의 힘을 이용하여 교묘한 협상력을 발휘한 덕분에 많은 것을 얻어 냈어. 이에 반발한 무슬림 개혁파가 알리에게서 등을 돌렸고, 그들은 알리를 암살하고 말았어. 이로써 최종적인 승자는 우마이야 가문의 무아위야가 되었어. 무아위야는 아버지 알리의 뒤를 이어 급하게 칼리프에 오른 하산을 협박하여 물러나게 하고 스스로 칼리프가 되었어. 이때부터 칼리프는 여느 나라의 왕위와 마찬가지로 자식에게 세습되었는데, 무아위야부터 시작된 이 이슬람 세습 왕조를 우마이야(옴미아드) 왕조라고 해.

이 사건을 계기로 이슬람교는 수니파와 시아파로 갈라졌어. 1대 아부 바르크부터 4대 알리까지의 칼리프만을 정통 칼리프로 인정하고, 스스로 권력을 획득하여 칼리프가 된 우마이야 왕조는 인정하

후우마이야 왕조를 세운 알라흐만 1세의 동상

756년경의 이베리아반도

지 않은 무슬림은 시아파가 되었고, 그 외의 무슬림은 수니파가 되었어. 오늘날에는 수니파가 압도적으로 많아.

661년에 시작된 우마이야 왕조는 750년에 아바스 왕조에게 자리를 내주었어. 아바스 왕조를 연 아부 아바스가 우마이야 왕가를 몰살할 때 간신히 달아난 우마이야 왕조의 왕자 알라흐만은 이슬람 세력이 지배한 이베리아반도로 향했어. 그곳에서 알라흐만은 후(後)우마이야 왕조(756년~1031년)를 열었어. 이때 이베리아반도에 세워진 이슬람 국가를 알안달루스 왕국이라고 해. 수도가 코르도바여서 코르도바 왕국이라고도 해. 오늘날 스페인 남부 지방을 안달루시아라고 하는데, 알안달루스라는 이름이 변한 거야.

이베리아반도 가톨릭 국가의 레콩키스타

이슬람 세력에 밀려 이베리아반도 북쪽의 산악 지대로 쫓겨 간 백인 가톨릭교도들은 그곳에서 여러 나라를 세웠어. 제일 먼저 탄생한 나라는 718년 오늘날의 칸타브리아 지방과 아스투리아스 지방에 세워진 아스투리아스 왕국이야. 그런데 이베리아반도 대부분을 차지한 이슬람 세력은 왜 아스투리아스 왕국을 내버려두었을까? 산악 지대는 사람이 살기 어렵고, 산에서는 공격하는 쪽보다 방어하는 쪽이 훨씬 유리하기 때문이야. 이슬람 사람들은 별 쓸모도 없는 땅을 차지하기 위해 불필요한 희생을 치를 이유가 없다고 생각했어.

가톨릭교도들은 이슬람 세력과의 경계에 수많은 성을 쌓아서 진지를 구축했어. 훗날 이베리아반도의 가톨릭 세력을 대표하는 나라가 카스티야 왕국인데, 카스티야^{Castilla}라는 이름은 카스티요^{castillo}에서 유래했어. 영어로는 성을 뜻하는 캐슬^{castle}이야. 이슬람을 방어하기 위해 만든 수많은 성을 나라 이름으로 삼은 거지.

아스투리아스 왕국은 남쪽의 이슬람 국가인 코르도바 왕국과 싸우며 점점 영토를 넓혔어. 아스투리아스 왕국 옆 오늘날의 바스크 지방에는 오래전부터 바스크인^{Basques}들이 살았어. 이들은 이베리아반도의 서고트족과는 다른 민족으로, 자기들만의 독특한 문화를 형성하고 있었어. 바스크인들은 피레네산맥 일대에서 프랑크 왕국과 이슬람 세력이 싸울 때 일부는 프랑크 왕국을, 일부는 이슬람 세력을 도왔어. 결국 프랑크 왕국을 지지한 세력이 패권을 잡고 팜플로나 왕국을 세웠어. 팜플로

1080년경의 이베리아반도

1444년경의 이베리아반도

나 왕국은 오래지 않아 나바라 왕국으로 이름을 바꾸었어. 그리고 오늘날 카탈루냐 지방에는 프랑크 왕국으로부터 작위를 받은 백작이 다스리는 바르셀로나 백국(왕이 아니라 백작이 다스리는 나라)이 들어섰어.

이렇게 가톨릭 세력이 점점 커지자 그들은 본격적으로 이베리아반도를 되찾기 위한 전쟁을 시작했어. 가톨릭 국가들이 자신들의 옛 영토를 회복하기 위해 이슬람 세력을 상대로 싸운 이 전쟁을 레콩키스타^{Reconquista}라고 해. 영어로는 reconquest야. '정복', '점령'을 뜻하는 conquest 앞에 '다시'라는 뜻을 갖는 접두사 re가 붙어서 '재정복'이라고 번역할 수 있는데, 대체로 '국토 회복 운동'이라고 해. 하지만 가톨릭 나라들끼리 사이좋게 지낸 건 아니야. 코르도바 왕국과 싸우면서도 한편으로는 자기들끼리 전쟁을 했어. 이런 과정을 거치는 동안 여러 나라가 합쳐지고 멸망하고 새롭게 탄생하여 11세기 중반에는 카스티야-레온 왕국과 나바라 왕국, 아라곤 왕국, 바르셀로나 백국이 이베리아반도 북쪽에 자리 잡았고, 가톨릭 세력의 영토는 훨씬 더 넓어졌어.

이베리아반도 북쪽 끄트머리까지 밀려났던 가톨릭 세력이 조금씩 남쪽으로 내려올 수 있었던 이유가 있어. 9세기부터 알안달루스 왕국이 권력 다툼으로 인해 조금씩 흔들렸기 때문이야. 그러다가 11세기 초반에 이르면 알안달루스 왕국은 10개 넘는 나라로 쪼개져. 이슬람 세력이 분열하자, 이 틈을 놓치지 않고 가톨릭 세력이 밀고 내려온 거야. 가톨릭 국가들은 이슬람의 소국^{小國}들을 하나하나 무너뜨리며 점점 더 영토를 넓혔어. 이베리아반도의 이슬람 세력은 가톨릭 세력에 맞서기 위해 때로는 힘을 모으고, 지브롤터 해협 건너 북아프리카에 들어선 이슬람 왕조에 의해 하나로 합쳐지기도 했지만, 시간이 지날수록 점점 밀렸어. 그러다가 13세기 중반에 이르면, 이슬람 국가는 이베리아반도 남쪽 끄트머리에 그라나다 왕국(1238년~1492년) 하나만 남게 되고, 나머지는 가톨릭 국가들인 카스티야 왕국과 아라곤 왕국, 나바라 왕국 그리고 포르투갈 왕국이 차지하게 돼. 그러다가 1492년에 그라나다 왕국이 멸망하면서 이베리아반도에서 이슬람 세력은 완전히 사라져.

포르투갈의 탄생

여기서 알아봐야 할 나라가 있어. 이베리아반도에

포르투갈의 초대 국왕 아폰수 1세

페르난도 왕자(좌)와 이사벨 공주(우)

서 스페인과 공존하고 있는 포르투갈이야. 868년 아스투리아스 국왕의 명령을 받은 비마라 페레스라는 장군이 군대를 끌고 가 이슬람 세력을 물리치고 포르투칼레라는 지역을 점령했어. 라틴어 포르투Portus는 영어의 port, 즉 항구라는 뜻이고, 칼레Cale는 '따뜻하다'라는 뜻이야. 따라서 포르투칼레는 '따뜻한 항구'라는 뜻이지. 여기에서 오늘날의 포르투갈Portugal이라는 나라 이름이 유래했어. 아스투리아스의 왕은 공을 세운 페레스 장군에게 백작 작위를 주고 포르투칼레를 다스리도록 했어. 이렇게 해서 처음 포르투갈 백국이 탄생했어.

이후 아스투리아스 왕국은 갈리시아 왕국, 아스투리아스 왕국, 레온 왕국으로 갈라졌어. 시간이 흐르면서 아스투리아스 왕국과 레온 왕국이 합쳐져서 레온 왕국이 되었고, 다시 갈리시아 왕국마저 레온 왕국에 흡수되었어. 그러다가 레온 왕국에서 카스티야 왕국이 떨어져 나왔고, 나중에 카스티야 왕국과 레온 왕국이 연합하여 카스티야-레온 왕국이 되었어. 포르투갈 백국의 군주인 아폰수 엔히크는 레온 왕국이 있던 1139년에 포르투갈의 국왕임을 자처했고, 1143년 레온 왕국의 왕 알폰소 7세는 포르투갈이 독립국임을 인정했어. 또 1179년에는 교황의 인정까지 받으면서 아폰수 엔히크는 포르투갈의 첫 번째 왕인 아폰수 1세가 되었어.

스페인의 탄생과 대항해 시대

이베리아반도의 마지막 이슬람 국가인 그라나다 왕국을 무너뜨리고 가톨릭 세력이 레콩키스타를 완성하기 전이었던 1469년, 스페인 역사에서 아주 의미 있는 사건이 일어났어. 카스티야 왕국의 공주 이사벨과 아라곤 왕국의 왕자 페르난도가 결혼한 거야. 오래지 않아 두 사람은 카스티야의 여왕과 아라곤의 왕이 되었고, 부부는 카스티야-아라곤 연합 왕국의 공동 왕에 올라 각각 이사벨 1세와 페르난도 2세가 되었어. 카스티야-아라곤 연합 왕국은 두 나라가 완전히 하나의 나라가 된 건 아니었어. 두 나라의 국경과 정치 체제, 왕위는 그대로 유지하면서 힘만 합치기로 한 거야. 하지만 오늘날의 역사학자들은 대체로 카스티야와 아라곤이 연합 왕국을 이룬 이때를 스페인이 탄생한 시기로 보고 있어. 이렇게 힘을 합친 카스티야-아라곤 연합 왕국은 1492년 이베리아반도의 남쪽

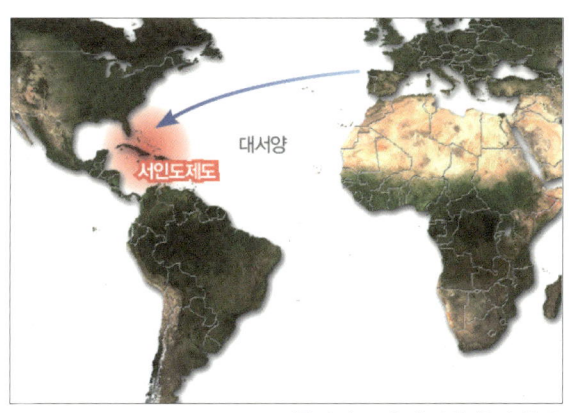
콜럼버스의 대서양 횡단 항로

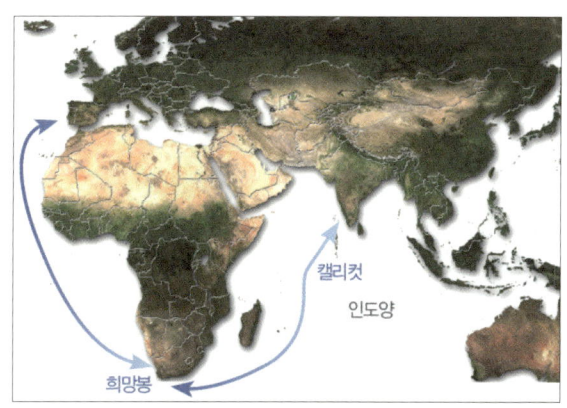
포르투갈이 개척한 인도 항로

끝에서 명맥을 유지하던 그라나다 왕국을 정복하고 드디어 이슬람 세력을 완전히 쫓아내는 데 성공해.

레콩키스타를 완성한 1492년, 세계 역사의 흐름을 바꾼 거대한 사건이 또 하나 일어났어. 카스티야-아라곤 연합 왕국(사실상의 스페인)의 지원을 받아 대서양으로 향했던 이탈리아 탐험가 콜럼버스가 아메리카 대륙을 발견한 거야. 이로써 유럽인들은 이 지구에 유럽과 아시아, 아프리카 외에 또 다른 대륙이 있다는 사실을 알게 되었어(나머지 대륙인 오세아니아의 존재는 17세기에 알려지게 돼). 대서양 너머에 거대한 땅덩어리가 있다는 사실을 알게 된 유럽의 여러 나라는 이때부터 해외 식민지를 건설하기 위해 너나없이 바다로 향하는데, 이 시기를 '대항해 시대$^{Age\ of\ discover}$'라고 해.

왜 포르투갈과 스페인이 대항해 시대를 열었을까?

처음 대항해 시대의 문을 연 나라는 포르투갈이었어. 유럽 서쪽 끄트머리에 있는 작은 나라가 어떻게 이 세상을 새로운 시대로 이끄는 엄청난 일을 시작할 수 있었을까? 그것은 포르투갈이 '유럽 서쪽 끄트머리에 있는 작은 나라'였기 때문이야.

포르투갈은 유럽의 구석에 자리 잡고 있어. 스페인 역시 유럽의 중심 지역이라 할 수 있는 프랑스, 독일, 이탈리아와는 거리가 있지만, 카스티야 왕국과 아라곤 왕국은 레콩키스타를 완성하기 전부터 바깥으로 눈을 돌려 오늘날의 네덜란드와 이탈리아 북부, 지중해의 섬 등을 식민지로 거느렸어. 하지만 해외 식민지가 없는 포르투갈은 외부와 교역할 수 있는 길이 거의 막혀 있었어.

당시 유럽에서 교역이 가장 활발했던 지역은 이탈리아야. 1300년에 건국한 이슬람의 거대 제국 오스만 튀르크가 오늘날의 튀르키예를 중심으로 그리스와 이집트, 리비아 등을 점령하고 있었지만, 가톨릭과 이슬람의 경계 지역인 이탈리아에서는 후추와 비단, 도자기 등 인도와 중국 등에서 온 귀한 물건이 활발하게 거래되었어. 하지만 포르투갈이 필요한 물자를 구하러 이탈리아로 가기 위해서는 스페인을 가로지르고 피레네산맥을 넘은 뒤 다시 프랑스를 통과해야 해. 포르투갈 상인이 자기 나라에 마음대로 다니도록 스페인과 프랑스가 내버려둘 리가 없잖아. 지중해를 통하려고 해도 당시 지중해는 오스만 튀르크가 장악했고 해적이

대항해 시대를 이끈 포르투갈의 엔히크 왕자

종교 재판으로 죄인을 처형하는 모습

많아서 쉽지 않았어. 이래저래 어려움에 처해 있던 포르투갈은 직접 인도로 가는 새로운 길을 개척해야 했어. 엔히크(1394년~1460년) 왕자의 주도로 포르투갈은 아프리카를 빙 돌아서 인도의 캘리컷으로 가는 항로를 개척했고, 중국의 마카오에 항구를 건설한 뒤 일본까지 진출했어. 임진왜란 때 일본의 주력 무기였던 조총이 바로 이 포르투갈 상인에 의해 전해진 거야.

포르투갈이 새로운 항로를 개척하자, 이에 자극을 받은 스페인도 콜럼버스의 제안을 받아들여 대서양으로 향했어. 포르투갈이 바닷길을 열고, 스페인이 아메리카 대륙을 발견한 뒤 유럽의 강국이었던 영국과 프랑스, 독일, 네덜란드, 이탈리아 역시 앞 다투어 바다로 향했어. 이렇게 시작된 것이 대항해 시대야.

가톨릭의 수호자 스페인의 몰락

이베리아반도에서 이슬람 세력을 완전히 몰아내기 전부터 유럽 곳곳에 식민지를 두었던 카스티야 왕국과 아라곤 왕국은 두 나라가 힘을 합치고 드넓은 아메리카 대륙을 식민지로 삼으면서 유럽에서 가장 강력한 나라가 되었어. 스페인은 '무적함대'라는 별명이 붙을 만큼 강력한 해군을 앞세워 유럽과 아메리카뿐 아니라 아프리카와 아시아 곳곳에 식민지를 개척했고, 그곳들로부터 금과 은을 비롯한 갖가지 자원과 물자를 빼앗았어. 이렇게 스페인은 나날이 강력하고 부유해졌지만, 한편으로는 서서히 국력이 기울고 있었어. 그 이유는 '종교' 때문이야.

이슬람 세력을 몰아낸 뒤 이사벨 1세와 페르난도 2세는 이베리아반도에서 이슬람의 흔적을 지우려고 했어. 종교 재판을 열어 수많은 사람을 마녀와 이단으로 몰아 죽였고, 가톨릭을 따르지 않는 유대인은 물론 가톨릭으로 개종한 무어인과 유대인까지 추방했어. 기술직과 법률직, 의료와 금융업 등에 종사하며 아주 중요한 역할을 맡고 있던 무어인과 유대인이 떠나자 스페인 사회는 발전을 멈추었어.

게다가 1517년 가톨릭 사제였던 마르틴 루터가 가톨릭의 부패를 비판하면서 종교 개혁이 시작되었고, 그동안 가톨릭 교황과 사제들의 만행에 불만을 품었던 유럽의 많은 귀족들이 개신교라는 새로운 종교를 따르기 시작했어. 가톨릭과 개신교 모두 같은 신을 섬기는 그리스도교(기독교)에 속하

가톨릭의 부패를 고발하는 마르틴 루터

스페인 왕 카를로스 1세

지만, 교황의 권위를 인정하지 않는다는 등 여러 가지 면에서 개신교는 가톨릭과 다른 길을 걸었어. 이처럼 유럽 곳곳에서 새로운 종교 세력이 자라나자 가톨릭의 수호자를 자처하는 스페인은 가만히 있을 수 없었어. 스페인은 개신교를 추종하는 귀족이 다스리는 지역으로 군대를 파견해서 끊임없이 전쟁을 치렀어. 스페인 사람들은 인정하기 싫었겠지만, 스페인은 점점 힘이 약해지고 있었어. 한때 세계 최강대국으로서 지위를 누렸던 스페인이 종이호랑이로 전락한 일을 단적으로 보여주는 사건이 있어. 1701년부터 1714년까지 일어난 '스페인 왕위 계승 전쟁'이 바로 그것이야.

스페인 왕위 계승 전쟁

카스티야-아라곤 연합 왕국의 공동 왕 이사벨 1세와 페르난도 2세의 외동아들인 후안이 갑자기 죽자, 누가 스페인의 왕위를 이을 것인가 하는 문제가 떠올랐어. 그래서 공동 왕의 살아 있는 자식 가운데 가장 손위이자 오스트리아 합스부르크 왕가로 시집간 딸 후아나 공주의 아들 카를이 스페인의 왕위를 잇게 되었어. 그런데 외국에서 태어난 데다 스페인어를 할 줄도 모르는 외국인이 스페인의 왕이 된다는 사실이 이상하지 않아?

유럽 국가의 왕실들은 자기들의 권력을 강화하고 세력을 넓히기 위해 다른 나라 왕실과 결혼을 통해 동맹을 맺었어. 이 일에 가장 적극적이었던 왕가가 오늘날의 오스트리아와 독일, 이탈리아 지역을 다스린 합스부르크 왕가였어. 합스부르크 왕가는 카를이 스페인 왕위에 오르면서 또 다시 세력 확장에 성공했어. 스페인에서 합스부르크 왕조를 연 카를은 스페인 왕 카를로스 1세가 되었고, 나중에는 신성 로마 제국의 황제 카를 5세를 겸직하게 돼.

카를로스 1세(재위 1516년~1556년)의 뒤를 이은 그의 아들 펠리페 2세(재위 1556년~1598년)는 아시아까지 진출하여 자신의 이름을 딴 식민지를 건설했는데, 이곳이 오늘날의 필리핀이야. 하지만 펠리페 3세(재위 1598년~1621년)와 펠리페 4세(재위 1621년~1665년) 시기에 스페인은 국력이 눈에 띄게 약해졌어. 그리고 카를로스 2세(재위 1665년~1700년)는 몸에 장애가 있을 뿐 아니라 언제 죽어도 놀랍지 않을 만큼 몸이 약했는데, 불행히도 자식을 두지 못한 채 사경을 헤매게 되었어. 이때부터 유럽 각 나라의 왕실들은 스페인 왕위를 차

스페인 왕위 계승 전쟁 중에 일어난 1702년의 비고만 해전

이탈리아를 공격하기 위해 알프스산맥을 넘는 나폴레옹

지하기 위해 경쟁을 벌였어. 여러 후보가 거론되었지만, 카를로스 2세는 결국 오스트리아 합스부르크 왕가가 아니라 프랑스 부르봉 왕가 출신을 후계자로 지목하고 죽었어. 이로써 프랑스 왕 루이 14세의 손자인 필립이 스페인 왕 펠리페 5세에 올랐어. 그러자 프랑스가 강성해지는 것을 두려워한 유럽의 주변 국가들이 스페인 왕위를 빼앗기 위한 전쟁을 벌였고, 이 전쟁은 13년 동안이나 이어졌어. 이것이 바로 스페인 왕위 계승 전쟁이야. 스페인 왕위를 놓고 다른 나라들이 나서는 상황을 보면 스페인의 국력이 얼마나 기울었는지 알 수 있어. 왕위 계승 전쟁이 마무리되는 과정에서 스페인은 유럽에서 차지하고 있던 식민지 대부분을 잃었어. 오늘날까지도 영국 땅으로 남아 있는 이베리아반도 남쪽 끝의 지브롤터도 이때 영국 땅이 된 거야. 왕위 계승 전쟁 이후 스페인은 프랑스가 치르는 전쟁에 군대를 동원하는 등 프랑스의 신하나 다름없는 처지가 되었어.

나폴레옹 전쟁과 스페인의 저항

스페인 왕위 계승 전쟁의 최종 승자는 프랑스 부르봉 왕가 출신의 스페인 왕 펠리페 5세(재위 1700년~1746년)였어. 그의 넷째 아들이 페르난도 6세(재위 1746년~1759년)에 올랐고, 뒤이어 카를로스 3세(재위 1759년~1788년)와 카를로스 4세(재위 1788년~1808년)가 차례로 왕에 올랐어. 하지만 프랑스에 뿌리를 둔 이들은 유럽 변방의 삼류 국가로 전락한 스페인에 아무런 애정이 없었기 때문에 나라를 엉망으로 다스렸어. 스페인 사람들은 나날이 살기 힘들어졌어.

1789년 프랑스에서 시민들이 혁명을 일으켰어(프랑스 대혁명). 오랜 시간 귀족과 사제의 착취와 탄압에 억눌려 지낸 시민들의 분노가 폭발하자 유럽은 거센 소용돌이에 휘말렸어.

혁명의 불길이 번질 것을 우려한 유럽의 왕실들은 프랑스 혁명군을 상대로 전쟁을 벌였고, 프랑스는 내적으로 정치적 혼란을 겪는 가운데 외부와 전쟁을 치러야 하는 이중고에 시달려야 했어. 이때 나폴레옹 보나파르트가 등장했어.

내부의 혼란을 잠재운 나폴레옹은 국민의 압도적인 지지에 힘입어 1804년 황제에 올랐고, 프랑스에 싸움을 걸었던 다른 나라에 반격을 시작했어. 이렇게 이어진 나폴레옹 전쟁(1805년~1815년)에 의해 프랑스는 영국과 러시아를 제외한 유럽

프랑스군의 양민 학살 장면을 그린 스페인 화가 고야의 그림

스페인 남부의 항구 도시 카디스

거의 모든 지역을 지배했어. 프랑스와 이웃한 스페인은 특히 프랑스의 간섭을 심하게 받았어. 아버지인 카를로스 4세를 내쫓고 페르난도 7세가 스페인 왕에 올랐지만, 그는 나폴레옹에 의해 왕위에서 물러났을 뿐 아니라 프랑스로 끌려갔어. 그를 대신하여 왕위에 오른 인물은 나폴레옹의 형인 조제프 보나파르트로, 그는 스페인의 왕 호세 1세가 되었어.

스페인 국민들은 저항군을 조직하여 프랑스의 탄압에 맞섰어. 그러자 나폴레옹은 군대를 보내 스페인 국민을 무자비하게 학살했어. 하지만 스페인 사람들은 저항을 멈추지 않았어. 그들은 소규모 병력이 치고 빠지는 기습을 감행하는 방법으로 프랑스군을 괴롭혔어. 이를 '게릴라guerrilla'라고 해. 영어로는 '게릴라'라고 발음하는데, '작은 전쟁'이라는 뜻이야.

스페인의 저항이 계속되자, 프랑스와 대치하며 상황을 주시하던 영국이 스페인을 돕겠다고 나섰어. 영국과 스페인, 포르투갈이 힘을 합쳐서 프랑스에 맞섰지. 하지만 나폴레옹의 프랑스군은 막강했어. 영국-스페인-포르투갈 동맹군은 프랑스군에 계속 밀려서 이베리아반도 남쪽 안달루시아 지방에서 겨우 버텼어.

카디스 의회와 스페인의 독립

기원전 1100년경에 페니키아인이 이베리아반도 남쪽에 건설한 항구 도시 카디스를 기억해? 프랑스에 저항하며 독립 투쟁을 이끌었던 지도자들이 하나둘 카디스에 모였어. 이들은 1812년에 임시 의회를 구성했는데, 이를 '카디스 의회'라고 해. 카디스 의회는 스페인이 입헌 군주국임을 명시한 헌법을 제정하고 발표했어. 그동안 왕 한 사람이 거의 모든 나랏일을 결정하는 왕정 국가였던 스페인은 왕의 권한을 법적으로 제한하고 의회의 승인을 거쳐야 국가의 중대사를 결정할 수 있는 공화국이자 입헌 군주국으로 새로운 출발을 하게 되었어.

같은 해에 나폴레옹은 러시아를 정벌하기 위해 대규모 전쟁을 시작했어. 프랑스군뿐만 아니라 나폴레옹이 정복한 나라의 군인들은 러시아와의 전쟁에 동원되었어. 스페인에서도 수많은 병력이 빠져나가자 이 틈을 노린 영국-스페인-포르투갈 동맹군은 총공격을 감행하여 이베리아반도에서 프랑스군을 완전히 몰아냈어. 나폴레옹의 러시아 원정은 실패로 끝났고, 이 일로 인해 나폴레옹의 힘은 크게 약해졌어. 1813년 나폴레옹의 형인 호세 1세는 스페인에서 쫓겨났고, 프랑스에 끌려갔던 페르

남아메리카의 독립을 이끈 시몬 볼리바르

스페인 왕 페르난도 7세

난도 7세가 스페인으로 돌아왔어. 이로써 스페인은 프랑스의 지배로부터 벗어나 독립을 이루었어.

남아메리카 식민지의 독립

스페인 왕위 계승 전쟁에서부터 본격적으로 시작된 스페인의 위기가 나폴레옹에 의해 절정에 이르렀던 시기에 남아메리카의 스페인 식민지들은 하나둘 독립을 선포했어.

오늘날 남아메리카의 나라 중 브라질만 포르투갈어를 쓰고 나머지 나라는 대부분 스페인어를 쓰는데, 그 이유는 브라질은 포르투갈의 식민지였고, 나머지 땅은 모두 스페인 식민지였기 때문이야. 그런데 스페인이 다른 나라에 의해 이리저리 휘둘리는 동안 남아메리카의 식민지가 모두 스페인의 손아귀에서 벗어난 거야. 남아메리카에서 독립 운동이 벌어질 때 스페인은 아무런 손을 쓸 수 없었어. 이렇게 해서 탄생한 나라가 멕시코, 콜롬비아, 아르헨티나, 볼리비아, 베네수엘라, 페루, 칠레 등이야. 남아메리카에서 마지막까지 스페인 식민지로 남아 있던 쿠바는 나중에 독립국이 되었고, 푸에르토리코는 미국령이 되었어.

스페인의 거듭되는 혼란

다시 스페인으로 가 볼까? 프랑스에 끌려갔던 페르난도 7세가 스페인 왕에 복귀했어. 하지만 카디스 의회가 만든 헌법이 그를 기다리고 있었어. 왕정 국가의 강력한 왕이었다가 졸지에 입헌 군주국의 허울뿐인 왕으로 전락한 페르난도 7세는 자신의 처지를 받아들일 수 없었어. 그는 의회와 헌법을 무시했을 뿐 아니라, 종교 재판을 열어 의회와 공화정을 지지하는 사람들을 이단으로 몰아서 처벌했어. 심지어 페르난도 7세는 프랑스에 군대를 요청하여 10만 명의 프랑스군이 스페인으로 쳐들어오기도 했어.

이때부터 스페인은 분열하기 시작했어. 왕정 국가 시대에 권력을 누렸던 귀족들과 성직자들, 재산이 많은 부자들은 왕을 지지했고, 대다수의 평민들은 의회를 지지했어. 이들은 각각 보수와 진보로 나뉘어 싸움을 벌였어. 이런 와중에 권력 투쟁까지 발생했어. 페르난도 7세가 자기 딸인 이사벨을 왕에 추대하자, 페르난도 7세의 동생인 카를로스가 이에 반대하며 반란을 일으킨 거야. 이때 보수 세력은 카를로스 편을 들었고, 진보 세력은 이사벨을 지지했어. 이 일로 스페인은 여러 번 내전

알폰소 12세의 장례를 치르는 모습

모로코 독립을 저지하기 위해 출정한 스페인 군인들

을 치르는데, 이 일련의 내전을 '카를로스 전쟁'이라고 불러. 스페인은 정치적 이념이 대립하고 권력 투쟁이 일어난 가운데 이후로도 여러 차례 내전을 치렀어. 이런 혼란 속에 스페인 여왕 이사벨 2세(재위 1833년~1868년)는 프랑스로 망명했어. 왕의 자리가 비자, 의회는 스페인과는 아무런 인연도 없는 이탈리아 왕의 아들을 왕으로 추대했어. 그는 스페인 왕 아마데오 1세(재위 1870년~1873년)에 올랐지만, 극도로 혼란스러운 상황을 견디지 못하고 오래지 않아 스페인 왕위를 버리고 이탈리아로 돌아갔어.

1873년, 왕이 사라진 뒤 스페인은 대통령이 다스리는 공화국이 되었지만, 10개월 동안 대통령이 4번이나 바뀌는 혼란 속에서 스페인 국민들은 점점 공화국 체제에 지쳐 갔어. 이런 분위기 속에서 이사벨 2세의 12살 난 아들 알폰소가 스페인 왕에 올라 알폰소 12세(재위 1874년~1885년)가 되었어. 이렇게 해서 스페인은 짧은 공화국 시대를 접고 다시 입헌 군주국으로 돌아갔어.

알폰소 12세가 왕위를 지키는 동안 스페인은 정치적으로 안정되고 경제도 조금씩 살아났어. 하지만 알폰소 12세는 28살 젊은 나이에 결핵에 걸려 죽고 말았어. 이때 아직 엄마 뱃속에 있던 그의 아들이 왕위를 물려받아 알폰소 13세(재위 1886년~1931년)에 올랐어.

리프 전쟁과 제1차 세계 대전

한때 세계를 호령하며 영국에 앞서 '해가지지 않는 나라'였다가 유럽 변방의 가난한 나라가 된 스페인은 해외 식민지를 거의 다 잃고 지중해의 섬과 아프리카의 몇 곳만을 식민지로 남겨 두고 있었어. 그곳들 중 하나가 지브롤터 해협 건너편의 모로코였어. 스페인의 힘이 약해질 대로 약해지자 모로코에서도 독립의 움직임이 일어났어. 스페인 정치인들은 모로코만은 잃을 수 없다고 생각해서 군대를 보내기로 했어. 하지만 정치 혼란과 내전으로 오랫동안 고통을 당한 스페인 국민들은 더 이상의 전쟁을 원하지 않았어. 특히 바르셀로나를 중심으로 한 카탈루냐 지방의 반대가 심했는데, 스페인 정부는 오히려 카탈루냐 사람들을 모로코에 보낼 군인으로 동원하겠다는 결정을 내린 거야. 일종의 보복이었지. 당연히 카탈루냐 사람들은 저항했고, 스페인 정부는 군대를 보내 수많은 시민을 죽이고 바르셀로나를 파괴했어.

제1차 세계 대전 중 참호전을 펼치는 호주 군인들

스페인 왕 알폰소 13세(좌)와 리베라 장군

수도인 마드리드가 있는 카스티야 지방과 바르셀로나가 있는 카탈루냐 지방은 오래전부터 앙숙이었어. 왕궁이 있는 마드리드는 왕당파를 비롯한 보수 세력의 거점이었고, 도시 노동자의 터전이자 지식인과 예술가들의 활동 무대였던 바르셀로나는 의회를 지지하는 진보 세력을 상징하는 도시였거든. 이러한 지역 갈등은 사실 이베리아반도를 양분했던 카스티야 왕국과 아라곤 왕국 때부터 이어져 왔어. 그래서 오늘날에도 프로 축구팀인 레알 마드리드와 FC 바르셀로나가 맞붙을 때면 스페인 전국뿐 아니라 전 세계 축구 팬의 관심이 집중돼. 선수들은 마치 전쟁에 나서는 군인처럼 비장한 각오로 경기에 임하는데, 두 팀을 대표하는 크리스티아누 호날두(레알 마드리드)와 리오넬 메시(FC 바르셀로나)의 맞대결은 스포츠계 최고의 관심사였어.

스페인은 바다 건너 모로코 독립군과 지루한 전쟁을 치렀어. 스페인과 모로코의 전쟁이 주로 리프산맥에서 벌어졌기 때문에 '리프 전쟁'이라고 불러. 이 전쟁으로 인해 그렇지 않아도 어려움을 겪던 스페인의 상황은 더욱 힘겨워졌어. 그러던 중 1914년 제1차 세계 대전이 터졌어(1914년~1918년). 불행 중 다행이랄까, 스페인은 국내 상황이 복잡한 데다 모로코와 전쟁을 치르느라 이 세계 대전에 참전하지 않았어.

공화국이냐, 군주국이냐의 갈림길

모로코는 1921년 독립을 선언했지만, 스페인은 이를 인정하지 않고 계속 모로코에 군대를 주둔시키며 전쟁을 했어. 그러다가 1923년 모로코 독립군의 공격을 받아 스페인 군인 1만 3,000명이 사망하는 일이 벌어졌어. 국민들은 소득도 없는 전쟁을 끌고 가다가 애꿎은 젊은이들을 죽게 만든 정부에 분노해서 폭동에 가까운 시위를 일으켰어. 이때 카탈루냐 지방 군대의 총사령관 리베라가 소동을 잠재우고 권력을 잡았어. 리베라는 의회를 해산시키고 노동조합을 비롯한 시민 단체의 활동을 금지하는 등의 독재 정치를 펼쳤어. 하지만 저항 정신이 강한 스페인 국민은 리베라의 독재에 굴복하지 않았어. 결국 1930년 리베라는 프랑스로 도망쳤다가 몇 달 뒤 세상을 떠났어.

독재자가 사라졌지만, 스페인의 혼란은 그치지 않았어. 스페인이 의회를 중심으로 한 공화국이 되어야 한다는 사람들과 왕을 중심으로 하는 군주

1931년 공화국을 선포한 당시의 스페인 국민들

스페인의 독재자 프란시스코 프랑코

국가가 되어야 한다는 사람들이 팽팽하게 대치했어. 결국 투표를 통해 스페인이 나아갈 방향을 결정하기로 했어. 바르셀로나를 비롯한 거의 모든 대도시에서는 압도적으로 공화국을 지지했고, 보수 세력의 거점인 마드리드와 농촌 지역은 군주국을 지지했지만, 숫자로 따지면 공화국을 지지하는 사람이 더 많았어. 그럼에도 보수 세력은 투표 결과를 받아들이려 하지 않았기 때문에 또 다시 내전이 터질 위기감이 점점 커졌어. 이때 내전이 일어날 것을 염려한 왕 알폰소 13세는 스스로 왕위에서 내려와 스페인을 떠났어. 그리고 몇 시간 후에 의회는 스페인이 공화국이 되었음을 선포했어.

스페인 내전과 프랑코 독재 정치

공화정이라는 것은 주권이 국민에게 있고, 국민은 투표를 통해 자신의 주권을 행하며 정치에 참여하는 정치 체제야. 다양한 생각을 가진 수많은 사람이 정치에 참여하다 보면 혼란스러울 수밖에 없어. 이럴 때 정치 지도자가 나서서 국민 간의 분열과 다툼이 커지지 않도록 해야 해. 하지만 이제 막 두 번째 공화국 체제에 들어선 스페인은 그렇지 못

했어. 국민을 제대로 이끌어야 할 지도자들이 자신들의 이익과 권력을 위해 국민의 분열을 부추겼어. 스페인 국민은 크게 두 세력으로 나뉘었어. 왕을 지지하는 왕당파와 돈을 가진 자본가, 땅을 가진 지주, 가톨릭 성직자, 군대의 간부들 등 기득권을 가진 보수 우파 세력이 '국민 전선'을 형성했고, 사회주의자와 공산주의자, 노동자, 공화파 등의 진보 좌파 세력은 '인민 전선'을 형성했어.

이 두 세력이 팽팽하게 대결하는 가운데 1936년 어느 쪽이 정치권력을 쥘 것인가를 놓고 국민 투표를 실시했어. 그 결과, 진보 좌파 세력인 인민 전선이 간신히 승리했어. 하지만 인민 전선이 압도적인 지지를 받은 것이 아니어서 여전히 스페인은 혼란스러운 상황이었어. 이때 모로코에 주둔하고 있던 군대가 프란시스코 프랑코라는 장군의 지휘 아래 반란을 일으켰어. 프랑코 군대는 보수 우파가 우위를 차지한 농촌 지역부터 야금야금 점령하며 조금씩 세력을 넓혔어. 하지만 도시 대부분은 진보 좌파 세력이 차지하고 있었기 때문에 프랑코 군대가 반란에 성공할 가능성은 적었어. 그런데 군국주의(군사력을 키우고 전쟁을 준비하는 일을 국가의 최우선 과제로 여기는 사상)를 추구하는 히틀러의 독일과 무솔리니의 이탈리아가 프

프랑코 반란군을 도운 독일군의 폭격으로 폐허가 된 게르니카

대관식에서 왕관을 쓰는 후안 카를로스 1세와 왕비

랑코 반란군을 지원했어. 유럽 전체를 지배하려는 야욕을 품고 있던 독일은 자신들이 쌓아 온 군사력을 시험하기 위해 무자비한 공격을 퍼부었어. 바스크 지방의 게르니카라는 도시는 독일군의 폭격으로 완전히 잿더미가 되었어. 소련과 멕시코 등이 스페인 공화 정부를 지원했지만, 스페인 정부군은 서서히 프랑코 반란군에 밀리기 시작했어.

이 전쟁을 '스페인 내전'이라고 해. 내전이라는 것은 한 나라의 국민끼리 전쟁을 일으킨 것을 말하지만, 스페인 내전은 엄밀하게 말해서 독일과 이탈리아, 소련 등이 스페인에서 전쟁을 치른 국제 전쟁이었어. 유럽의 강국인 영국과 프랑스는 스페인 정부군 편이었지만, 제1차 세계 대전 때 혹독한 경험을 했던 두 나라는 스페인 내전이 세계 대전으로 확산될지 모른다는 두려움 때문에 개입하지 않았어. 이런 상황에서 정의감에 불타는 전 세계의 젊은이들이 스페인 정부군을 돕기 위해 스페인으로 향했어. 이들은 국제 여단이라는 군대를 조직해서 프랑코 반란군과 싸웠어. 하지만 스페인 내전은 1939년 4월 프랑코 반란군의 승리로 끝났어. 이때부터 스페인은 프랑코 독재 체제에 들어갔어. 국민의 자유를 억압하는 독재 정치는 프랑코가 사망한 1975년까지 이어졌어.

두 번째 세계 대전이 일어날 것을 염려하여 영국과 프랑스는 스페인 내전에 개입하지 않았지? 그런데 프랑코가 스페인 내전에서 승리한 때로부터 5개월 뒤인 1939년 9월에 결국 제2차 세계 대전이 일어나고 말았어. 스페인 내전에서 자기네의 군사력을 실험했던 독일이 전쟁을 일으킨 거였어.

후안 카를로스 1세

1947년에 프랑코는 스페인 왕이었다가 스스로 물러난 알폰소 13세의 손자 후안 카를로스를 스페인 왕실 후계자로 추대했어. 독재 정치로 인해 국제 사회로부터 비판을 당하자, 프랑코는 자신이 스페인 왕실을 수호하는 충성스러운 군인임을 내세우기 위해 이런 일을 꾸민 거야. 후안 카를로스는 왕이 아니라 왕자 신분으로 외국에 머물러야 했어. 1975년 11월에 프랑코가 죽은 이틀 뒤 후안 카를로스는 스페인으로 와서 왕위에 올라 후안 카를로스 1세가 되었어. 프랑코의 측근들은 그를 허수아비로 내세우고 여전히 독재 정치를 이어갈 계획이었어. 하지만 후안 카를로스 1세는 그렇게 호락호락한 사람이 아니었어.

1981년 스페인 의회를 점령한 군부 쿠데타 세력 ⓒAP

1992년 바르셀로나 올림픽 개회식 ⓒIOC

그는 국민의 마음을 모아서 개혁을 추진했어. 스페인이 입헌 군주국이자 민주 국가임을 규정하는 새로운 헌법을 제정하고 공표했어. 헌법에 따라 그동안 금지되었던 시민 단체와 정당의 정치 활동이 보장되었고, 표현의 자유를 비롯한 국민의 기본권 역시 회복되었어. 1981년 군부 세력이 반란을 일으켜 의회를 점령했을 때, 후안 카를로스 1세는 방송에 출연하여 자신이 국민의 자유와 단결을 상징하는 왕으로서 스페인의 민주주의와 헌법을 지킬 것이라고 선언하는 동시에 스페인의 군대는 절대로 흔들리지 말라고 당부했어. 왕의 단호한 의지를 본 반란군은 결국 스스로 물러났어. 이 사건을 계기로 스페인의 민주주의는 더욱 확고해졌어.

바스크와 카탈루냐의 분리 독립 요구

스페인은 원래부터 지방색이 강한 나라였어. 지방색이란 그 지역만의 고유한 전통과 문화, 풍습을 뜻해. 스페인은 산이 많아서 지역끼리 서로 소통하기 힘든 탓에 각 지방마다 자기만의 독특한 문화를 누려 왔어. 심지어 지방마다 언어도 달랐단다. 특히 바스크 지방과 카탈루냐 지방의 지방색이 강해. 바스크 사람들은 자신들을 팜플로나 왕국의 후예라 여기고, 카탈루냐 사람들은 스스로를 아라곤 왕국의 후손이라고 생각하고 있어. 이들은 때때로 스페인에서 벗어나 자기들만의 나라를 만들겠다는 분리 독립 운동을 벌이고는 해. 이런 일이 있을 때마다 스페인 정부는 골머리를 앓지만, 스페인 국민들은 서로 다투는 가운데에도 하나의 민주주의 국가를 유지하기 위해 노력하고 있어.

1992년에 바르셀로나에서 올림픽이 열렸어. 1992년은 카스티야-아라곤 연합 왕국이 레콩키스타를 완성한 1492년으로부터 딱 500년이 되는 해였어. 바르셀로나 올림픽은 세계인의 축제였던 동시에 스페인이 완전한 하나의 나라가 된 것을 기념하는 축제이기도 했지. 스페인 국민들은 바르셀로나 올림픽을 통해 단결되고 평화로운 스페인의 위상을 전 세계에 알리고 싶었던 거야.

스페인 국민은 숱한 침략과 내전을 겪으면서도 결국 나라를 지켜 낸 사람들이야. 우리도 일본의 식민지가 되는 굴욕을 당하고 한국 전쟁이라는 비극을 겪으면서도 끝끝내 대한민국을 지켜 냈어. 남한과 북한으로 갈라져 있어서 평화 통일이라는 숙제를 안고 있는 우리는 스페인의 역사로부터 큰 가르침을 얻을 수 있을 거야.

| 바르셀로나 여행을 마치며

　바르셀로나는 스페인의 제2의 도시이지만, 경제적인 면이나 문화적인 면에서 수도인 마드리드를 앞서 있어. 특히나 바르셀로나가 주도인 카탈루냐주는 산업과 금융업이 발달했기 때문에 카탈루냐주 사람들은 스페인 전체를 자기들이 먹여 살린다는 자부심이 아주 강해. 그러다 보니, 때때로 스페인에서 분리하여 카탈루냐 독립국을 이루어야 한다고 주장해서 스페인 정부와 갈등을 빚기도 해.

　마드리드가 있는 카스티야 지방과 바르셀로나가 있는 카탈루냐 지방의 갈등은 역사가 아주 깊어. 스페인이 왕정 국가로 남느냐, 아니면 공화국이라는 새로운 방향으로 나아가느냐 하는 갈림길에서 바르셀로나와 카탈루냐는 항상 공화국을 지지했고, 스페인에 독재자가 나타날 때에도 바르셀로나와 카탈루냐는 가장 강하게 저항했어. 때문에 숱한 탄압을 받았고 도시 전체가 파괴되는 고통도 수차례 겪어야 했어. 하지만 그럴 때마다 바르셀로나 사람들은 끝끝내 일어서서 자신들의 터전을 다시 건설했어. 오늘날 세계에서 가장 아름다운 도시라는 평가를 받

는 바르셀로나는 새로운 세상을 일구겠다는 사람들의 의지가 빚어 낸 특별한 공간이야. 스페인이 왕정 국가에서 공화국으로, 독재 국가에서 민주 국가로 변신한 데에는 바르셀로나 사람들의 역할이 아주 컸다고 할 수 있어.

바르셀로나를 두고 '안토니 가우디의 도시'라고 말하는 사람들도 많아. 천재 건축가 가우디의 손길이 도시 곳곳에 스며 있기에 그건 결코 과장된 표현은 아니야. 하지만 바르셀로나가 특별한 이유가 어디 가우디 한 사람의 공이겠어? 기존의 상식을 뛰어넘는 기발한 생각을 받아들이고 높이 평가했던 바르셀로나 시민들이 없었다면, 가우디의 천재적인 아이디어는 그저 설계 도면으로만 남았을지도 몰라. 자유롭고 창의적인 생각이 꿈틀거리는 바르셀로나를 여행한다면, 세상을 바라보는 새로운 시각을 얻을 수 있을 거야.

그럼 다음 여행지인 뉴욕에서 다시 만날 걸 기대할게. 안녕.

다음 여행지 안내

이제 우리는 미국의 뉴욕으로 향할 거야. 뉴욕은 콜럼버스가 발견한 신대륙 북아메리카에 새로운 세상이 열린 출발점이었어. 전 세계에서 모인 다양한 사람들이 미국이라는 거대한 나라를 만든 과정이 궁금하지 않니? 그럼 뉴욕에서 만나.